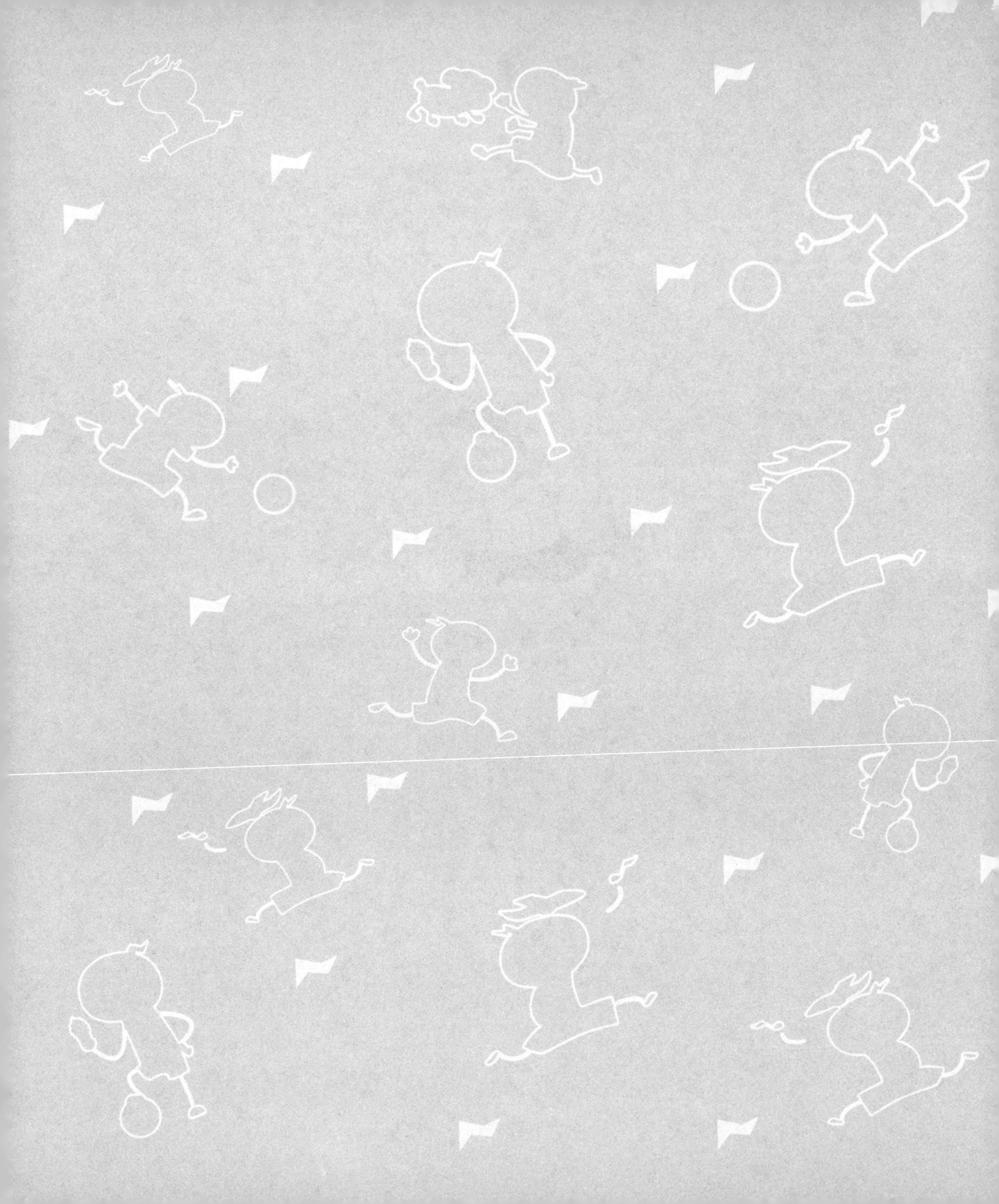

米小圈上学记

二年级

一箩筐的快乐

北猫 著

四川少年儿童出版社

闪亮登场

小圈妈
小圈爸
莫老师
魏老师

目录

喵!

米小圈对你说

hāi nǐ hǎo
嗨！你好。

bù zhī dào nǐ yǒu méi yǒu kàn jiàn wǒ de zhè duàn wén
不知道你有没有看见我的这段文
zì rú guǒ nǐ kàn dào le nà me wǒ yào zhèngzhòng qí
字，如果你看到了，那么我要郑重其
shì de duì nǐ shuō wū wū nǐ jū rán tōu kàn le
事地对你说：“呜呜……你居然偷看了
wǒ de rì jì hái gǎn xiào wǒ wǒ gēn nǐ méi wán
我的日记。还敢笑我，我跟你没完。”

hǎo ba zhè zhǐ shì gè wán xiào ér yǐ wǒ mǐ
好吧，这只是个玩笑而已。我米
xiǎo quān kě bú shì yí gè xiǎo qi guǐ wǒ zuì xǐ huan de
小圈可不是一个小气鬼，我最喜欢的
shì jiù shì dòu bié rén kāi xīn la suǒ yǐ nǐ xiǎng zěn me
事就是逗别人开心啦，所以你想怎么
kàn dōu xíng ya
看都行呀。

hěn gǎn xiè nǐ zài nǐ de péi bàn xià wǒ mǐ xiǎo
很感谢你，在你的陪伴下，我米小
quān yǐ jīng shùn lì shēng rù le èr nián jí wǒ yǐ jīng bú
圈已经顺利升入了二年级。我已经不
zài shì yī nián jí de dǎo méi hái zi la
再是一年级的倒霉孩子啦。

huí xiǎng qǐ wǒ de yī nián jí， kě zhēn gòu bēi cǎn de。zǒng shì bèi lǎo shī pī píng，zǒng shì bèi wǒ de nǚ mó tóu tóng zhuō qī fu，zǒng shì hǎo xīn bàn huài shì。wèi shén me dǎo méi de zǒng shì wǒ ya？（běi māo shū shu：mǐ xiǎo quān，wǒ duì bu qǐ nǐ！shì wǒ xiě de。）

回想起我的一年级，可真够悲惨的。总是被老师批评，总是被我的女魔头同桌欺负，总是好心办坏事。为什么倒霉的总是我呀？（**北猫叔叔：米小圈，我对不起你！是我写的。**）

èr nián jí shì yí gè quán xīn de kāi shǐ，zhēn xī wàng kě yǐ gèng xìng yùn yì diǎnr。wǒ de péng you，nǐ huì zhù fú wǒ de，duì ma？

二年级是一个全新的开始，真希望可以更幸运一点儿。我的朋友，你会祝福我的，对吗？

jiù shuō dào zhè lǐ ba，wǒ yào qù xiě rì jì le。duì le，nǐ yǒu méi yǒu ná qǐ bǐ，xiàng wǒ yí yàng，bǎ hǎo wán de shì xiě zài rì jì li ne？xiāng xìn nǐ yǐ jīng kāi shǐ dòng bǐ le。886……

就说到这里吧，我要去写日记了。对了，你有没有拿起笔，像我一样，把好玩的事写在日记里呢？相信你已经开始动笔了。886……

mǐ xiǎo quān

米小圈

升旗仪式

6月7日 星期一

yòu dào le xīng qī yī, yòu dào le shēng guó qí de
又到了星期一，又到了升国旗的

rì zi.
日子。

tóng xué men zǎo zāor lái dào xué xiào, zhěng qí de zhàn
同学们早早儿来到学校，整齐地站

chéng le liǎng liè, kě shì wǒ fā xiàn wǒ de jiù tóng zhuō lǐ
成了两列，可是我发现我的旧同桌李

lí hái méi yǒu lái.
黎还没有来。

hā hā, nán dào lǐ lí chí dào le? wèi lǎo shī yí
哈哈，难道李黎迟到了？魏老师一

dìng bú huì fàng guo tā de.
定不会放过她的。

wǒ zhèng tōu xiào shí, jǐ gè shēng qí shǒu ná zhe guó
我正偷笑时，几个升旗手拿着国

qí zǒu dào qí gān xià wǒ zǐ xì yí kàn chà diǎnr bèi
旗走到旗杆下。我**仔细**一看，差点儿被

qì sǐ yuán lái qí zhōng jiù yǒu lǐ lí wū wū
气死，原来其中就有李黎。呜呜……

wèi lǎo shī zhēn bú gòu yì si píng shén me ràng lǐ
魏老师真不够意思，凭什么让李

lí dāng qí shǒu què bú ràng wǒ dāng ne wǒ yě shì shào xiān
黎当旗手却不让我当呢？我也是少先

duì yuán ya
队员呀。

guó gē xiǎng qǐ lái le wǒ duì zhe guó qí tōu tōu
国歌响起来了，我对着国旗偷偷

xǔ le yí gè yuàn wàng xī wàng zì jǐ yě kě yǐ dāng yì
许了一个**愿望**，希望自己也可以当一

huí shēng qí shǒu
回升旗手。

升旗仪式结束后，大家回到教室。我的同桌徐豆豆拿出一个小本子：“米小圈，咱们下五子棋吧？”

“我不想玩，我只想当升旗手。”

“升旗手？这还不容易？！”徐豆豆似乎想到了什么好办法。

“徐豆豆，你有办法吗？”

徐豆豆小声对我说：“今天放学后，等同学们都走光了，我们就可以当升旗手了呀。”

“你是说，我们偷偷把国旗降下来。这个办法行吗？”我有些**怀疑**。

突然，魏老师站在讲台上吼了起

来："米小圈，上课时不许说话。"

我又被老师批评了一次，**真倒霉**。

放学后，同学们都走了，只剩下我和徐豆豆，我们悄悄来到旗杆下。

我们首先要把国旗给弄下来，然后才能开始我们的升旗仪式。

我有点儿**担心**地问："徐豆豆，万一被人发现了怎么办？"

“米小圈，你可真胆小，万一被发现了，你先跑，我在后面**掩护**你。”

徐豆豆真是我的好同桌。我来到旗杆前，把绳子解开，把国旗慢慢**拽下来**。

正当我们把国旗降下来的时候，突然有个人喊了一声：“喂！你们在干什么？”

“呀！不好，被发现啦！”可是徐豆豆根本没有掩护我，她第一时间就跑得没影儿了。

呜呜呜……我没有跑掉，被抓住了。徐豆豆，你太不够意思了！

gèng dǎo méi de shì zhuā zhù wǒ de rén bú shì bié
更倒霉的是，抓住我的人不是别
rén zhèng shì wǒ men de xiào zhǎng dà rén wǒ sǐ dìng le
人，正是我们的校长大人。我死定了。

xiào zhǎng dà rén yì liǎn yán sù de wèn nǐ wèi
校长大人一脸**严肃**地问：“你为
shén me yào bǎ guó qí jiàng xià lái nǐ shì nǎ ge bān de
什么要把国旗降下来？你是哪个班的
xué shēng
学生？”

xiào zhǎng dà rén duì bu qǐ wǒ wǒ zhǐ
“校长大人，对不起！我……我只
xiǎng dāng yí cì shēng qí shǒu
想当一次升旗手。”

xiào zhǎng dà rén réng rán zhuī wèn nǐ shì nǎ ge bān
校长大人仍然追问：“你是哪个班

的？叫什么名字？”

没办法，我只好说：“我是二年级五班的邢铁。校长，我错了，我再也不敢当升旗手了。”

校长大人最后**原谅**了我，把我给放了。

我回到家，觉得自己特别**过分**，我为什么要把好朋友铁头的名字报给校长呢？魏老师要是知道了，一定不会放过铁头的。

铁头，米小圈对不起你呀。

铁头对不起我

6月8日 星期二

jīn tiān zài xué xiào wǒ yì zhí duǒ zhe tiě tóu
今天在学校，我一直**躲着**铁头。

wǒ zuò le duì bu qǐ tiě tóu de shì wǒ méi liǎn jiàn tā le
我做了对不起铁头的事，我没脸见他了。

tiě tóu què tè bié gòu yì si cóng jiā li dài lái
铁头却特别够意思——从家里带来

le sān gè zhǔ yù mǐ gěi wǒ hé jiāng xiǎo yá měi rén yí gè
了三个煮玉米，给我和姜小牙每人一个。

wǒ jué de hěn cán kuì wǒ zhèng zhǔn bèi xiàng wǒ de
我觉得很惭愧，我正准备向我的
hǎo péng you tiě tóu chéng rèn cuò wù wèi lǎo shī jiù qì chōng
好朋友铁头**承认错误**，魏老师就气冲
chōng de lái dào le jiào shì
冲地来到了教室。

wán dàn la yí dìng shì xiào zhǎng bǎ zuó wǎn de shì
完蛋啦！一定是校长把昨晚的事
shuō chū qù le
说出去了。

wèi lǎo shī lái dào tiě tóu miàn qián xíng tiě nǐ
魏老师来到铁头面前：“邢铁，你
zuó tiān wǎn shang zuò le shén me
昨天晚上做了什么？”

tiě tóu mō zhe zì jǐ de dà nǎo dai yì liǎn wú
铁头摸着自己的大脑袋，一脸无
gū de shuō lǎo shī wǒ shén me dōu méi zuò ya
辜地说：“老师，我什么都没做呀！”

wèi lǎo shī gèng shēng qì le nǐ hái gǎn shuō huǎng
魏老师更生气了：“你还敢**说谎**！”

tiě tóu gǎn kuài dī xià tóu chéng rèn cuò wù lǎo
铁头赶快低下头承认错误：“老
shī wǒ cuò le wǒ fàng xué bù gāi qù jiāng xiǎo yá jiā
师，我错了，我放学不该去姜小牙家

wán diàn nǎo yóu xì wǒ cuò le
玩**电脑游戏**，我错了。”

wèi lǎo shī shuō bú shì zhè ge wǒ lái wèn nǐ zuó tiān fàng xué hòu nǐ shì bú shì bǎ xué xiào de guó qí gěi jiàng xià lái le
魏老师说：“不是这个。我来问你，昨天放学后你是不是把学校的国旗给降下来了？”

ǎ méi yǒu a zhè ge bú shì
“啊？没有啊，这个不是……”

wǒ gǎn kuài jǔ shǒu dǎ duàn tiě tóu wèi lǎo shī nǐ jiù yuán liàng xíng tiě ba tā zhǐ shì xiǎng dāng yì huí shēng qí shǒu
我赶快举手打断铁头：“魏老师，你就**原谅**邢铁吧，他只是想当一回升旗手。”

"老师，我没有降学校的国旗呀？"铁头一脑袋问号。

魏老师突然变得很**和善**："算了，昨晚的事老师就不追究了，今天早上校长找过我，他同意下周一由你来担任一次升旗手。"

"让我当升旗手？太好啦，太好啦！"铁头高兴得跳了起来。

"啊！什么？让邢铁当升旗手？老师，昨晚的事……"

我赶快把**实情**说给魏老师听，可是……呜呜呜……魏老师居然不相信我。

铁头赶快说："老师，昨晚的事儿

jiù shì wǒ gàn de hǎo hàn zuò shì hǎo hàn dāng xī xī xī
就是我干的，好汉做事好汉当，嘻嘻嘻

xī
嘻……”

wèi lǎo shī shuō xíng tiě yǐ hòu bù xǔ zhè yàng
魏老师说：“邢铁，以后不许这样

zuò le xiǎng dāng shēng qí shǒu yīng gāi tōng guò zì jǐ de nǔ lì
做了，想当升旗手应该通过自己的**努力**。”

shì lǎo shī wǒ míng bai le xiè xie lǎo shī
“是，老师，我明白了。谢谢老师

……”

tiě tóu a nǐ tài bù chéng shí le nǐ duì bu qǐ
铁头啊，你太不**诚实**了，你对不起

wǒ
我……

放风筝

6月10日 星期四

jīn tiān fēng hěn dà hěn dà hěn dà hěn dà běn lái
今天，风很大很大很大很大，本来
yuē hǎo fàng xué gēn tiě tóu qù dǎ yǔ máo qiú de kàn lái
约好放学跟铁头去打**羽毛球**的，看来
shì dǎ bù chéng le
是打不成了。

kě zhí zhuó de tiě tóu hái shi ná zhe yǔ máo qiú pāi
可执着的铁头还是拿着羽毛球拍
lái zhǎo wǒ le mǐ xiǎo quān wǒ men qù dǎ yǔ máo qiú
来找我了：“米小圈，我们去打羽毛球
ba
吧？”

tiě tóu de nǎo dai yí dìng shì huài diào le zhè me
铁头的脑袋一定是坏掉了，这么
dà de fēng zěn me dǎ yǔ máo qiú ya
大的风怎么打羽毛球呀？

tiě tóu pāi zhe xiōng pú shuō mǐ xiǎo quān fàng xīn
铁头拍着**胸脯**说：“米小圈，放心
ba wǒ yǒu bàn fǎ
吧，我有办法。”

tiě tóu bǎ yì gēn xì shéng zi jì zài yǔ máo qiú shang
铁头把一根细绳子系在羽毛球上，
zhè yàng jiù bú yòng dān xīn yǔ máo qiú huì bèi chuī fēi le
这样就不用担心羽毛球会被吹飞了。

wǒ men pǎo dào wài miàn dǎ qǐ le yǔ máo qiú
我们跑到外面打起了羽毛球。

kě shì gāng dǎ le yí xià yǔ máo qiú jiù bèi chuī
可是，刚打了一下，羽毛球就被吹
fēi le tiě tóu gǎn kuài qù zhuài shéng zi yǔ máo qiú piāo
飞了。铁头赶快去**拽绳子**，羽毛球飘
zài le kōng zhōng
在了空中。

zhè nǎ lǐ shì dǎ yǔ máo qiú ma， míng míng shì zài
这哪里是打羽毛球嘛，明明是在

fàng fēng zheng， bù， shì fàng yǔ máo qiú。
放风筝，不，是放羽毛球。

tiě tóu tū rán yǒu le zhǔ yi： mǐ xiǎo quān， wǒ
铁头突然有了主意：“米小圈，我

men dǎ bù liǎo yǔ máo qiú， dàn wǒ men kě yǐ fàng fēng zheng
们打不了羽毛球，但我们可以放风筝

ya
呀！”

duì ya， dà fēng tiān zuì shì hé fàng fēng zheng le
“对呀，大风天最适合放风筝了。”

wǒ jǔ sān zhī shǒu zàn chéng
我举三只手赞成。

lǎo mā píng yǔ mǐ xiǎo quān sān zhī shǒu shì xiǎo tōu
（老妈评语：米小圈，三只手是小偷！！！！！）

suī rán wǒ hěn tóng yì tiě tóu de tí yì kě wǒ
虽然我很同意铁头的提议，可我
men méi yǒu fēng zheng dào nǎ lǐ qù mǎi fēng zheng ne
们没有风筝，到哪里去买风筝呢？

tiě tóu yòu pāi zhe zì jǐ de xiōng pú shuō mǐ xiǎo
铁头又拍着自己的胸脯说："米小
quān wǒ huì zuò ya wǒ zhè jiù zuò yí gè gěi nǐ kàn kan
圈，我会做呀，我这就做一个给你看看。"

tiě tóu zhēn de huì zhì zuò fēng zheng wǒ tè bié huái yí
铁头真的会**制作**风筝？我特别怀疑。

tiě tóu de zhì zuò cái liào fēi cháng jiǎn dān yí gè
铁头的制作材料非常简单，一个
dà zhǐ ké yì tuán máo xiàn ér yǐ tiě tóu bǎ máo xiàn
大纸壳，一团毛线而已。铁头把毛线
jì zài zhǐ ké shang jiù dà gōng gào chéng la
系在纸壳上，就大功告成啦。

wǒ hé tiě tóu gǎn kuài pǎo dào wài miàn qù fàng fēng zheng
我和铁头赶快跑到外面去放风筝。
tiě tóu bǎ dà zhǐ ké xiàng tiān shàng yì rēng fēng zheng fēi ba
铁头把**大纸壳**向天上一扔："风筝，飞吧。"

wā fēng zheng guǒ rán fēi le qǐ lái kě shì
哇！"风筝"果然飞了起来。可是
dà zhǐ ké zài kōng zhōng huàng le liǎng xià jiù diào le xià lái
大纸壳在空中晃了两下就掉了下来。
āi yā zá zài le tiě tóu de dà nǎo dai shang
哎呀！**砸在**了铁头的大脑袋上。

tiě tóu de fēng zheng shī bài le， bú guò wǒ shì bú huì fàng qì de：“tiě tóu，hái shi wǒ lái zuò yí gè gěi nǐ kàn kan ba。”

铁头的风筝失败了，不过我是不会放弃的：“铁头，还是我来做一个给你看看吧。”

wǒ pǎo huí jiā dǎ kāi diàn nǎo，zài wǎng shang zhǎo dào le yí gè fēng zheng de zhì zuò fāng fǎ。

我跑回家打开电脑，在网上找到了一个风筝的制作方法。

shǒu xiān yào yòng jǐ gēn zhú tiáo zǔ chéng gǔ jià。kě shì jiā li méi yǒu zhú tiáo，wǒ zhǎo lái lǎo mā zhī máo yī de zhú zhēn dài tì。wǒ jiāng zhú tiáo bǎi chéng shí zì xíng，

首先要用几根竹条组成骨架。可是家里没有竹条，我找来老妈织毛衣的竹针代替。我将竹条摆成十字形，

yòng xì shéng jiāng tā men gù dìng hǎo
用细绳将它们固定好。

gǔ jià gù dìng hǎo yǐ hòu wǒ yòu zhǎo lái yì zhāng
骨架固定好以后，我又找来一张
jiù hǎi bào yòng jiāo dài bǎ gǔ jià zhān zài hǎi bào shang
旧海报，用胶带把骨架粘在海报上。

jiē xià lái wǒ yòu zhǎo lái yì tuán máo xiàn bǎ tā sǐ sǐ
接下来我又找来一团毛线，把它死死
de bǎng zài fēng zheng shang zuì hòu wǒ yòng cǎi bǐ zài hǎi bào
地绑在风筝上。最后我用彩笔在海报
shang huà le yí gè zì jǐ
上画了一个自己。

wǒ de fēng zheng jiù dà gōng gào chéng la
我的风筝就大功告成啦！

tiě tóu shuō mǐ xiǎo quān nǐ zhè fēng zheng néng fēi
铁头说：“米小圈，你这风筝能飞
ma
吗？”

dāng rán néng bú xìn wǒ men qù shì shi
“当然能，不信我们去试试。”

wǒ men ná zhe fēng zheng pǎo le chū qù
我们拿着风筝跑了出去。

wǒ bǎ fēng zheng wǎng tiān shàng yì rēng fēi ba wǒ
我把风筝往天上一扔：“飞吧，我
de fēng zheng
的风筝。”

yí zhèn dà fēng chuī lái， wǒ de fēng zheng guǒ rán fēi
一阵大风吹来，我的风筝**果然**飞

le qǐ lái， bìng qiě méi diào xià lái。
了起来，并且没掉下来。

tiě tóu gāo xìng de tiào le qǐ lái：“ràng wǒ wán
铁头高兴得跳了起来：“让我玩

huìr， ràng wǒ wán huìr。”
会儿，让我玩会儿。”

tiě tóu bǎ fēng zheng qiǎng le guò qù， tā yòng lì yí
铁头把风筝抢了过去，他用力一

zhuài， āi yā， bù hǎo！máo xiàn duàn le。 wū wū……
拽，**哎呀**，不好！毛线断了。呜呜……

wǒ de fēng zheng diào le xià lái。
我的风筝掉了下来。

āi yā！ tiě tóu xiǎo xīn！
哎呀！铁头小心！

画鸭子

6月12日 星期六

yòu dào le qù měi shù bān de rì zi ， zhè shì wǒ
又到了去美术班的日子，这是我

yí gè xīng qī li zuì tòng kǔ de rì zi 。
一个星期里**最痛苦**的日子。

zuó wǎn wǒ bù xiǎo xīn bǎ wǎn dǎ suì le ， kàn zài
昨晚我不小心把碗打碎了，看在

老爸在老妈面前替我**求情**的分儿上，我还是装作很情愿地去了美术班。

今天老师教我们画的是鸭子。老师先在黑板上画了一只，让我们照着画。可我觉得老师画得并不怎么样，至少不是我**喜欢**的鸭子。

我快速画了一只我喜欢的鸭子，递给老师看："老师，老师，我觉得这

yàng de yā zi cái piào liang
样的鸭子才**漂亮**。”

lǎo shī kàn le wǒ de huà, dāng zhe měi shù bān tóng xué de miàn biǎo yáng le wǒ: “ ǹg, zhēn de hěn xiàng……”
老师看了我的画，当着美术班同学的面表扬了我：“嗯，真的很像……”

lǎo bà kāi xīn de chà diǎnr yūn guò qù
老爸开心得差点儿晕过去。

lǎo shī jiē zhe shuō: “ mǐ xiǎo quān, nǐ huà de zhēn de hěn xiàng yì zhī méi yǒu máo de tuó niǎo”
老师接着说：“米小圈，你画的真的很像一只没有毛的**鸵鸟**。”

ǎ méi yǒu máo de tuó niǎo lǎo bà dāng chǎng qì yūn guò qù
“啊？没有毛的鸵鸟？”老爸当场气晕过去。

měi shù bān xià kè le zài gè wèi jiā zhǎng de xiào
美术班下课了，在各位家长的笑

shēngzhōng lǎo bà dài zhe wǒ xùn sù táo lí le měi shù bān
声中，老爸带着我迅速**逃离**了美术班。

kě wǒ men bìng méi yǒu huí jiā ér shì lái dào le
可我们并没有回家，而是来到了

nóng mào shì chǎng
农贸市场。

wǒ de lǎo bà zhēn de shì zhè ge shì jiè shang zuì zuì
我的老爸真的是这个世界上最最

hǎo de lǎo bà wǒ hái yǐ wèi jīn tiān wǎn shang tā bú huì
好的老爸，我还以为今天晚上他不会

ràng wǒ chī fàn le ne
让我吃饭了呢。

lǎo bà shuō shéi shuō jīn tiān wǎn shang bú ràng nǐ chī
老爸说："谁说今天晚上不让你吃

fàn le wǒ shì dài nǐ qù mǎi yā zi
饭了，我是带你去买鸭子。"

wǒ wèn jīn wǎn chī yā zi tài bàng le
我问："今晚吃鸭子？太棒了。"

shén me ya shì mǎi yì zhī yā zi huí jiā ràng nǐ
"什么呀，是买一只鸭子回家让你

zhào zhe huà de
照着画的。"

zhè ge bú yòng zhè me pò fèi le ba
"这个……不用这么**破费**了吧……"

lǎo bà gào su wǒ huà huà zhè jiàn shì bù kě yǐ
老爸告诉我，画画这件事不可以
tuō lí shēng huó yí dìng yào xué huì zǐ xì guān chá xú bēi
脱离生活，一定要学会仔细观察，徐悲
hóng dà shī kě bú shì zài jiā li suí biàn jiù huà chū yì pǐ
鸿大师可不是在家里随便就画出一匹
piào liang de mǎ lái de
漂亮的马来的。

yú shì wǒ men mǎi le yì zhī piào liang de yā zi
于是我们买了一只漂亮的鸭子，
xiàng jiā li zǒu qù
向家里走去。

wǒ hǎo xiàng dǒng le xú bēi hóng yé ye dāng nián shì
我好像懂了，徐悲鸿爷爷当年是
bú shì yě mǎi le yì zhī yā zi cái huà chū piào liang de mǎ
不是也买了一只鸭子才画出漂亮的马
lái de ne
来的呢？

狂欢派对

6月13日 星期日

zhēn shì qíng lǎng de yì tiān wǒ hěn zǎo jiù qǐ chuáng
真是晴朗的一天，我很早就起床

le yīn wèi jīn tiān lǎo bà lǎo mā yào dài wǒ qù yóu lè
了，因为今天老爸老妈要带我去游乐

yuán wán
园玩。

kě shì lǎo bà què shuō mǐ xiǎo quān kǒng pà jīn
可是老爸却说：“米小圈，恐怕今
tiān wǒ yào shī yuē le yīn wèi wǒ hé nǐ mā ma dōu yào
天我要**失约**了，因为我和你妈妈都要
jiā bān méi shí jiān péi nǐ qù yóu lè yuán le
加班，没时间陪你去游乐园了。”

ǎ kě shì nǐ men dā ying le wǒ de dà ren
“啊？可是你们答应了我的，大人
shuō huà zěn me néng bú suàn shù ne
说话怎么能不算数呢？”

lǎo mā duān zhe zǎo cān zǒu le guò lái dà ren shuō
老妈端着早餐走了过来：“大人说
de huà dāng rán yào suàn shù le zhǐ shì jīn tiān bù xíng gǎi
的话当然要算数了，只是今天不行，改
tiān yí dìng péi nǐ qù
天一定陪你去。”

kě shì kě shì
“可是可是……”

mǐ xiǎo quān nǐ kàn lǎo mā ná chū yì dōu
“米小圈，你看！”老妈拿出一兜
zi de měi shí dì gěi le wǒ mǐ xiǎo quān jīn tiān
子的美食，递给了我，“米小圈，今天
nǐ kě yǐ suí yì chī xiǎo shí pǐn duì le hái kě yǐ
你可以**随意**吃小食品。对了，还可以
suí yì wán diàn nǎo yóu xì
随意玩电脑游戏！”

zhēn de wǒ kàn zhe xiǎo shí pǐn kǒu shuǐ dōu
“真的？”我看着小食品，口水都
kuài liú chū lái le
快流出来了。

dāng rán shéi ràng wǒ men shī yuē le ne
“当然，谁让我们失约了呢。”

hā hā tài bàng le
“哈哈，**太棒了**！”

lǎo mā zǒu hòu wǒ biān chī xiǎo shí pǐn biān wán qǐ
老妈走后，我边吃小食品边玩起
le diàn nǎo yóu xì kě shì bù zhī dào wèi shén me jīn
了**电脑游戏**。可是不知道为什么，今
tiān de yóu xì wán de yì diǎnr dōu méi jìn xiǎo shí pǐn sì
天的游戏玩得一点儿都没劲，小食品似
hū yě bú xiàng cóng qián nà me hǎo chī le
乎也不像从前那么好吃了。

wǒ hòu huǐ le, hái shi yóu lè yuán gèng hǎo wán。
我后悔了，还是游乐园更好玩。

zhè shí, wǒ jiē dào le jiāng xiǎo yá de diàn huà。
这时，我接到了姜小牙的电话。

yuán lái jiāng xiǎo yá de lǎo bà lǎo mā yě shàng bān qù le。
原来姜小牙的老爸老妈也上班去了。

jiāng xiǎo yá tí yì, qù tā jiā kāi yí gè kuáng huān pài duì。
姜小牙提议，去他家开一个**狂欢派对**。

zhè ge zhǔ yi tài bàng le, wǒ men gǎn kuài lián xì dú zì zài jiā de tóng xué。
这个主意太棒了，我们赶快联系独自在家的同学。

tiě tóu yě zhèng zài jiā wú liáo ne, jiē dào wǒ men de diàn huà gāo xìng de tiào le qǐ lái。
铁头也正在家无聊呢，接到我们的电话高兴得跳了起来。

wǒ men qī bā gè xiǎo háir dài zhe gè zhǒng měi shí lái dào jiāng xiǎo yá jiā。
我们七八个小孩儿带着各种**美食**来到姜小牙家。

zhèng hǎo shì wǔ cān shí jiān, wǒ men bǎ gè zhǒng měi shí fàng zài yì qǐ, duī le mǎn mǎn yì zhuō zi, dà chī tè
正好是午餐时间，我们把各种美食放在一起，堆了满满一桌子，大吃特

chī qǐ lái
吃起来。

chī bǎo le wǒ men jué dìng wán yóu xì
吃饱了，我们决定玩游戏。

tiě tóu dì yī gè jǔ qǐ shǒu lái wǒ men wán guò
铁头第一个举起手来：“我们玩**过**

jiā jiā yóu xì ba shí tou jiǎn zi bù shéi shū le
家家游戏吧，石头、剪子、布，谁输了

shéi jiù shì ér zi
谁就是儿子。”

zhè ge zhǔ yi hěn bàng gèng bàng de shì tiě tóu shū
这个主意很棒，更棒的是铁头输

le xī xī tā chéng le wǒ de ér zi
了，嘻嘻，他成了我的“儿子”。

tiě tóu dāng le liǎng gè xiǎo shí de ér zi tā
铁头当了两个小时的“儿子”，他

终于受不了了，抗议道："过家家一点儿都不好玩，我们还是玩**摸瞎子**游戏吧，石头、剪子、布，谁输了谁就是瞎子。"

石头、剪子、布——结果铁头又输了，他成了"瞎子"。哈哈哈哈……

铁头可真笨，抓了很久却一个人都没有抓到。

这时，我的同桌徐豆豆的头不小心撞到了桌子上，她"哎呀"一声。

铁头听到了，**赶快**向桌子跑去。

āi yā bù hǎo huā píng yǒu wēi xiǎn
哎呀！不好，**花瓶**有危险！

xiā zi tiě tóu zhuàng dào le zhuō zi bǎ zhuō zi shang de huā píng gěi dǎ suì le
“瞎子”铁头撞到了桌子，把桌子上的花瓶给打碎了。

jiāng xiǎo yá hěn shēng qì yāo qiú dà jiā péi gěi tā
姜小牙很生气，要求大家赔给他。

āi yā kuài pǎo ya dà jiā gǎn kuài pǎo chū le jiāng xiǎo yá jiā
“哎呀！快跑呀。”大家赶快跑出了姜小牙家。

wǎn shang jiāng xiǎo yá bèi tā bà mā chòu mà le yí dùn wǒ men zài yě bù gǎn qù jiāng xiǎo yá jiā wán le
晚上，姜小牙被他爸妈**臭骂**了一顿，我们再也不敢去姜小牙家玩了。

lǎo mā píng yǔ mǐ xiǎo quān nǐ men zhè yàng pǎo le kě bù hǎo
（老妈评语：米小圈，你们这样跑了可不好。）

到底是谁的错

6月14日 星期一

jīn tiān yì zǎo jiāng xiǎo yá de shēn yǐng gāng chū xiàn
今天一早，姜小牙的**身影**刚出现

zài bān shang wǒ hé zuó tiān chuǎng huò de jǐ míng tóng xué jiù
在班上，我和昨天闯祸的几名同学就

pǎo guāng le wǒ men kě méi yǒu qián péi gěi jiāng xiǎo yá
跑光了。我们可没有钱赔给姜小牙。

姜小牙追上了我们，原来他并没打算让我们赔他钱。

姜小牙可**真够朋友**。

姜小牙说："但事情还没完呢，是铁头害我昨天被臭骂一顿的，所以我们要吓唬一下他。"

"哈哈哈哈……我觉得这个主意不错。"我举双手表示**赞同**。

过了一小会儿，铁头就背着书包闯了进来。

我赶快跑过去对铁头说："铁头，大事不好了，姜小牙来了。"

铁头很**纳闷**："姜小牙有什么可怕

de ya
的呀？”

wǒ piàn tiě tóu shuō nǐ zhī dào ma nǐ dǎ suì
我骗铁头说：“你知道吗？你打碎
de bú shì yì bān de huā píng ér shì jià zhí wàn de
的不是一般的花瓶，而是价值100万的
gǔ dǒng huā píng jiāng xiǎo yá yào nǐ péi gěi tā
古董花瓶。姜小牙要你赔给他。”

ǎ bú huì ba tiě tóu yǒu diǎnr bù gǎn
“啊？不会吧？！”铁头有点儿不敢
xiāng xìn
相信。

zhè shí jiāng xiǎo yá nù qì chōngchōng de xiàng tiě tóu
这时，姜小牙怒气冲冲地向铁头
zǒu lái tiě tóu zhuǎn shēn jiù pǎo
走来，铁头转身就跑。

tiě tóu pǎo dào zǒu láng li jiāng xiǎo yá zài hòu miàn
铁头跑到走廊里，姜小牙在后面
qióng zhuī bù shě
穷追不舍。

tiě tóu pǎo xià lóu tī āi yā bù hǎo tiě
铁头跑下楼梯……哎呀！不好！铁
tóu bú shì pǎo xià lóu tī ér shì gǔn xià lóu tī
头不是跑下楼梯，而是滚下楼梯！

kě pà de shì qing fā shēng le tiě tóu de nǎo dai
可怕的事情发生了，铁头的脑袋

zhuàng dào le lóu tī shang liú xiě le
撞到了楼梯上，流血了。

wèi lǎo shī hěn kuài jiù gǎn lái le wǒ men jǐ gè
魏老师很快就赶来了，我们几个

bǎ tiě tóu fú dào le xiào yī shì
把铁头扶到了**校医室**。

xiào yī bāng tiě tóu zhǐ le xiě tiě tóu zhōng yú méi
校医帮铁头止了血，铁头终于没

shì le kě shì wǒ men què chū shì le
事了，可是我们却出事了。

wèi lǎo shī yán lì de pī píng le wǒ hé jiāng xiǎo yá
魏老师**严厉**地批评了我和姜小牙，

bìng yāo qiú wǒ hé jiāng xiǎo yá xiě jiǎn chá wū wū
并要求我和姜小牙写检查。呜呜……

下午第一节原本是数学课，却变成了我和姜小牙的**检讨课**。

我第一个站起来承认了错误：“老师，我错了，我不该骗铁头，可那都是姜小牙出的主意，我只是个**帮凶**而已。”

姜小牙听完很生气：“老师，我也错了，虽说是我出的主意，可向铁头要100万是米小圈自己编的，我本来说要50万的。”

我又说：“我那都是为了帮姜小牙骗铁头。”

姜小牙又说：“那也不能要100万呀。”

“都是你的错。”

shì nǐ de cuò
“是你的错……”

jiǎn tǎo kè biàn chéng le wǒ hé jiāng xiǎo yá de biàn lùn huì
检讨课变成了我和姜小牙的**辩论会**。

wèi lǎo shī dà hǎn dào bié chǎo le bǎ nǐ men jiā zhǎng jiào lái
魏老师大喊道：“别吵了，把你们家长叫来……”

wū wū wǒ men sǐ dìng le
呜呜……我们死定了。

wǎn shang wǒ hé jiāng xiǎo yá shuāngshuāng bèi dǎ le
晚上，我和姜小牙双双被打了。

看望病人铁头

6月16日 星期三

tiě tóu de dà nǎo dai shòu shāng le tā bù néng lái
铁头的大脑袋受伤了，他不能来
shàng xué le wǒ hé jiāng xiǎo yá dōu hěn nán guò
上学了。我和姜小牙都很难过。

suī rán tiě tóu zǒng shì hěn kōu mén suī rán tiě tóu
虽然铁头总是很**抠门**，虽然铁头
jīng cháng ràng wǒ dǎo méi suī rán tiě tóu bǎ xiǎo hào àn yuán
经常让我倒霉，虽然铁头把小号按原
jià mài gěi le wǒ dàn wǒ men yī rán shì zuì hǎo de péng you
价卖给了我，但我们依然是最好的朋友。

cǐ kè wǒ hěn xiǎng niàn tā
此刻，我很想念他。

wèi lǎo shī jīn tiān zài bān shang xuān bù jīn tiān fàng
魏老师今天在班上**宣布**，今天放
xué tā yào qù kàn wàng tiě tóu shùn biàn bāng tiě tóu bǔ xí
学她要去看望铁头，顺便帮铁头补习

gōng kè
功课。

wǒ gǎn kuài bǎ shǒu jǔ le qǐ lái lǎo shī wǒ
我赶快把手举了起来：“老师，我

yě yào bāng tiě tóu bǔ xí gōng kè
也要帮铁头补习功课。”

zhè ge zhè ge mǐ xiǎo quān nǐ zì jǐ de
“这个这个……米小圈，你自己的

gōng kè hái xū yào bǔ xí ne
功课还需要补习呢。”

wū wū wū wèi lǎo shī shāng le wǒ de zì zūn xīn
呜呜呜……魏老师伤了我的**自尊心**。

wèi lǎo shī yòu shuō bú guò nǐ hé jiāng xiǎo yá shì
魏老师又说：“不过你和姜小牙是

yīng gāi qù yīn wèi shì nǐ men liǎ chuǎng de huò
应该去，因为是你们俩**闯的祸**。”

wàn suì wǒ hé jiāng xiǎo yá gāo xìng de tiào le
“万岁！”我和姜小牙高兴得跳了
qǐ lái
起来。

fàng xué hòu wǒ gěi tiě tóu mǎi le yí dài guǒ dòng
放学后，我给铁头买了一袋果冻，
jiāng xiǎo yá gěi tiě tóu mǎi le yì hé qiǎo kè lì wèi lǎo
姜小牙给铁头买了一盒巧克力，魏老
shī dài zhe wǒ men qián wǎng tiě tóu jiā
师带着我们前往铁头家。

wǒ men dào le tiě tóu jiā ná chū guǒ dòng hé qiǎo
我们到了铁头家，拿出果冻和巧
kè lì tiě tóu yì bǎ qiǎng guò guǒ dòng hé qiǎo kè lì
克力。铁头一把抢过果冻和巧克力，
chī le qǐ lái
吃了起来。

铁头看见果冻和巧克力，好像比看见米小圈和姜小牙还高兴呢，真是的。

铁头妈端着水果，走了过来，我们刚要吃，却被魏老师拦住了。

魏老师说："姜小牙，米小圈，我们在路上是怎么说的？"

"哦，阿姨，是我不好，我要是不追铁头，他就不会受伤了。"姜小牙低头承认了错误。

我赶快说："阿姨，我也有错，我不该骗铁头，是我不好。"

我们承认了错误，铁头妈原谅了我们。她人真好。

偷玉米的人

6月19日 星期六

jīn tiān wǒ xiàng lǎo mā qiú le hǎo jiǔ ， tā zhōng yú
今天我向老妈求了好久，她终于

tóng yì wǒ wán diàn nǎo yóu xì le ， bú guò zhǐ néng wán yì
同意我玩电脑游戏了，不过只能玩一

xiǎo huìr 。 kě shì wǒ gāng dǎ kāi diàn nǎo ， jiā li jiù tíng
小会儿。可是我刚打开电脑，家里就停

电啦。呜呜……一小会儿都没玩成，好倒霉呀。

没有电，就玩不了电脑游戏，也看不了动画片，冰箱里的**冰激凌**也化了。没有电真的无聊死了。

老爸却不同意我的说法。他告诉我，他小的时候家里根本买不起电视，也没有空调，电脑就更别说了，可是依然很开心。

“天啊！什么都没有，那你们玩什么呢？”我问老爸。

老爸**滔滔不绝**地说起来：“我们玩的可多着呢，弹弓子、滚铁环、抽陀螺、粘知了、建雪房子，总之好玩的多了去了。对了，还有秋天的时候，我们跑到玉米地里去把玉米偷回来，烤着吃，可香了……”

“等一等，老爸，偷玉米？”

“对呀！偷玉米。”

“老爸，老师说不可以**偷东西**的。”

“那好吧，我们从别人的玉米地里

把玉米拿回来，烤着吃。”

“那不还是偷吗？”我问老爸。

“好吧，你们老师说得对，爸爸错了，哈哈哈……”

看着老爸兴奋的表情，我感觉偷玉米肯定是件特别好玩的事儿。

我说：“老爸，要不我们今天也去偷玉米吧。”

“这怎么行，你们老师说过不能偷东西的。”

“老爸，就一次，求你了，我猜这件事一定特别好玩。”

“这个这个……好吧，就这一次。”

lǎo bà shuǎng kuai de dā ying xià lái
老爸**爽快**地答应下来。

xià wǔ lǎo bà qí zhe zì xíng chē dài shàng wǒ yì
下午，老爸骑着自行车带上我一
qǐ qù tōu yù mǐ
起去偷玉米。

wǒ men lái dào le jiāo qū de yí piàn yù mǐ dì li
我们来到了郊区的一片玉米地里。
zhè shí wǒ men fā xiàn yǒu yí gè guǐ guǐ suì suì de nóng
这时我们发现，有一个**鬼鬼祟祟**的农
mín dà shū zhèng zài yù mǐ dì li zhāi yù mǐ
民大叔正在玉米地里摘玉米。

wǒ zhǐ zhe nà ge rén duì lǎo bà shuō lǎo bà
我指着那个人对老爸说：“老爸，
nǐ kàn tōu yù mǐ de
你看，偷玉米的。”

lǎo bà wèn mǐ xiǎo quān nà nǐ jué de wǒ men
老爸问：“米小圈，那你觉得我们

gāi zěn me bàn
该怎么办？”

wǒ shuō lǎo shī shuō rú guǒ yù jiàn xiǎo tōu yào
我说：“老师说如果遇见小偷，要

gǎn kuài zhǎo jǐng chá shū shu
赶快找**警察叔叔**。”

kě shì zhè lǐ méi yǒu jǐng chá shū shu
“可是这里没有警察叔叔。”

lǎo bà nà nǐ qù zǔ zhǐ tā ba
“老爸，那你去阻止他吧。”

lǎo bà xiǎng le xiǎng shuō hǎo ba wǒ men yì
老爸想了想，说：“好吧，我们一

qǐ qù
起去。”

那个鬼鬼祟祟的农民大叔正准备离开玉米地时，我和老爸冲了上去。

“住手！把玉米放下。”我和老爸抓住偷玉米的农民大叔，把他**按倒**在地上。

农民大叔大喊道：“你们干什么，这是我自己家的地。”

“啊？你自己家的地？真的假的呀?!”

我和老爸这次**糗大了**。老爸连忙向人家赔礼道歉。我们正准备逃走的时候，被农民大叔拦住了。

农民大叔说：“等一等，你们俩是来偷玉米的吧？”

“你怎么知道呢？”

“看你们这打扮，肯定是城里人，肯定是来玩偷玉米游戏的。不用偷了，这几穗玉米送给你们了。”

“谢谢……谢谢……”

我和老爸接过玉米，装作自己是偷玉米的人，一溜烟跑出了玉米地。在玉米地头，老爸留下了足够的钱。

哈哈……这可真是比电脑好玩多了。

老爸出差了

6月20日 星期日

jīn tiān lǎo bà qù shēn zhèn chū chāi le hā hā
今天，老爸去深圳**出差**了。哈哈，
zhōng yú bú yòng qù měi shù bān le zhōng yú bú yòng huà huà
终于不用去美术班了，终于不用画画
le
了。

可是老妈拿着画板走了过来："米小圈，谁说你老爸出差，你就不用去学画画了？赶快跟我走。"

"老妈，我求你了，我真的不想去呀。"

"那也不行，你爸爸走时**特意叮嘱**我，一定要你画一张超级好看的画出来。"

我突然想到了一个办法："老妈，不就是画一张超级好看的画吗？我这就去画。"

我故意把老妈画得很丑，这样老妈就不会再逼我去学画画了。

（老妈评语：米小圈，你居然骗我，

cóng míng tiān kāi shǐ měi tiān huà yì zhāng
从明天开始，每天画一张。）

yì xiǎo huìr de gōng fu piào liang lǎo mā de bìng bù
一小会儿的工夫，漂亮老妈的并不
zěn me piào liang de huà xiàng jiù wán chéng le
怎么漂亮的**画像**就完成了。

lǎo mā nǐ kàn wǒ bǎ huà xiàng dì gěi lǎo
“老妈，你看！”我把画像递给老
mā
妈。

lǎo mā jiē guo huà xiàng yí kàn chà diǎnr qì yūn guò
老妈接过画像一看，差点儿气晕过
qù mǐ xiǎo quān nǐ qì sǐ wǒ le wǒ yǒu nà me
去：“米小圈，你气死我了！我有那么

丑吗？你奶奶都没这么丑。”

“老妈，你居然敢说奶奶丑，我告诉奶奶去。”

老妈赶快**解释**：“不是，我的意思是说你画得也太丑了吧。”

“老妈……可是我已经画得很努力了。”我**窃喜**。

“唉……米小圈，看来你真的不适合当一个画家。”老妈对我已经彻底灰心了，同意我在老爸出差的日子里，不去美术班。

我的阴谋**得逞**啦，老妈万岁！

铁头是害虫

6月21日 星期一

jīn tiān shì yí gè hěn zhí dé gāo xìng de rì zi
今天是一个很值得高兴的日子，
yīn wèi wǒ de hǎo péng you tiě tóu huí dào le wǒ men shēn biān
因为我的好朋友铁头回到了我们身边。
tā yǐ jīng wán quán kāng fù le
他已经完全康复了。

měi shù kè shang lǎo shī jiāo wǒ men qū fēn kūn chóng
美术课上，老师教我们区分昆虫。

yuán lái kūn chóng yě yǒu hǎo huài zhī fēn ya hǎo de
原来昆虫也有好坏之分呀。好的
kūn chóng jiào yì chóng huài de kūn chóng jiào hài chóng
昆虫叫益虫，坏的昆虫叫害虫。

tiě tóu què zǒng shì fēn bù qīng yì chóng hé hài chóng
铁头却总是分不清益虫和害虫。

tiě tóu wèn táng láng hé huáng chóng zhǎng de hěn xiàng
铁头问：“螳螂和蝗虫长得很像，

wèi shén me táng láng bú shì hài chóng ér huángchóng shì hài chóng
为什么螳螂不是害虫，而蝗虫是害虫
ne tā hǎo dǎo méi ya
呢？它好倒霉呀。”

měi shù lǎo shī gào su dà jiā yīn wèi huángchóng chī
美术老师告诉大家，因为**蝗虫**吃
le wǒ men de zhuāng jia ér táng láng bāng zhù wǒ men chī le
了我们的庄稼，而螳螂帮助我们吃了
hěn duō de hài chóng
很多的害虫。

dà jiā tīng wán dōu míng bai le kě tiě tóu hái shi
大家听完都明白了，可铁头还是
jué de táng láng shì hài chóng
觉得螳螂是害虫。

huángchóng zhǐ shì tōu chī le yì diǎnr liáng shi ér
蝗虫只是偷吃了一点儿**粮食**，而

táng láng què hài sǐ le bié rén suǒ yǐ táng láng zuì huài
螳螂却害死了别人，所以螳螂最坏，
huángchóng bú huài
蝗虫不坏。

měi shù lǎo shī jiǎng le bàn tiān tiě tóu jiān chí rèn
美术老师讲了半天，铁头坚持认
wéi táng láng shì hài chóng
为螳螂是害虫。

zhè shí chē chí jǔ qǐ shǒu lái lǎo shī nà piáo
这时车驰举起手来：“老师，那瓢
chóng shì yì chóng ma
虫是益虫吗？”

měi shù lǎo shī shuō zǒng tǐ lái shuō piáo chóng shì
美术老师说：“总体来说，瓢虫是
yì chóng kě shì yǒu yì zhǒng èr shí bā xīng piáo chóng què shì
益虫，可是有一种二十八星瓢虫却是
hài chóng
害虫。”

tiě tóu jǔ qǐ shǒu lái lǎo shī zhè bù gōng
铁头举起手来：“老师，这不公
píng píng shén me qí tā de piáo chóng shì yì chóng ér èr shí
平！凭什么其他的瓢虫是益虫，而二十
bā xīng de jiù shì hài chóng tā zhǐ shì duō zhǎng le jǐ kē
八星的就是害虫。它只是多长了几颗
xīng ér yǐ
星而已。”

měi shù lǎo shī wú nài de kàn zhe tiě tóu bù zhǐ
美术老师**无奈**地看着铁头：“不只
shì jǐ kē xīng de wèn tí wèn tí shì tā wēi hài shū cài
是几颗星的问题，问题是它危害蔬菜……”

tiě tóu dǎ duàn měi shù lǎo shī lǎo shī nǐ yǒu
铁头打断美术老师：“老师，你有
zhǒng zú qí shì
种族歧视。”

měi shù lǎo shī shuō bú guò tiě tóu zhǐ hǎo chéng rèn
美术老师说不过铁头，只好承认
èr shí bā xīng piáo chóng yě shì yì chóng
二十八星瓢虫也是益虫。

tiě tóu dé yì jí le
铁头**得意**极了。

měi shù lǎo shī pà tiě tóu zài fǎn bó tā gǎn kuài
美术老师怕铁头再**反驳**他，赶快

jié shù le zhè táng kūn chóng kè kāi shǐ jiāo wǒ men huà huà
结束了这堂“昆虫课”，开始教我们画画。

kě shì wǒ bù xiǎng huà huà wǒ hái méi tīng gòu ne dōu guài tiě tóu
可是我不想画画，我还没听够呢。都怪铁头。

tiě tóu cái shì zuì dà de yì zhī hài chóng
铁头才是最大的一只害虫。

如果没有水

6 月 22 日 星期二

今天学校停水了，大家都觉得很不方便。

没有水我们就得出去买矿泉水喝；没有水就没办法**扫除**，教室就会脏；没有水厕所就会很臭；没有水我们踢完球就没办法洗手。

今天莫老师突然来了**灵感**，要求我们写一篇《如果没有水》的作文。

dà jiā dōu yǒu xiē mō bù zháo tóu nǎo， gāi zěn me xiě ne？
大家都有些摸不着头脑，该怎么写呢？

mò lǎo shī zhàn zài jiǎng tái shang shuō：“dà jiā xiǎng yi xiǎng，rú guǒ zhè ge shì jiè shang méi yǒu shuǐ，jiāng shì duō me kě pà de shì qing。”
莫老师站在讲台上说：“大家想一想，如果这个世界上没有水，将是多么**可怕**的事情。”

jiāng xiǎo yá dào shì jué de zhè méi shén me kě pà de，dà bu liǎo yǐ hòu bù hē shuǐ le bei，gǎi hē kě lè。
姜小牙倒是觉得这没什么可怕的，大不了以后不喝水了呗，改喝可乐。

jiāng xiǎo yá zǒng shì jī jí xiǎng yìng mò lǎo shī de huà，
姜小牙总是积极**响应**莫老师的话，

hěn kuài jiù bǎ zuò wén xiě wán le kě wǒ gāi xiě diǎnr
很快就把作文写完了。可我该写点儿
shén me ne
什么呢？

wǒ tū rán xiǎng dào le jiù zhè me xiě
我突然想到了，就这么写。

rú guǒ méi yǒu shuǐ
如果没有水

wǒ jué de shuǐ shì hěn zhòng yào de bìng bú xiàng jiāng
我觉得水是很重要的，并不像姜
xiǎo yá shuō de rú guǒ méi yǒu shuǐ kě yǐ yòng kě lè dài
小牙说的，如果没有水可以用可乐代
tì nà me jiǎn dān wǒ jué de jiù suàn guǒ zhī yě wú fǎ
替那么简单，我觉得就算果汁也无法
dài tì shuǐ de zuò yòng
代替水的作用。

mò lǎo shī píng yǔ méi cuò shuǐ shì hěn zhòng yào de
（莫老师评语：没错，水是很重要的。）

shǒu xiān rú guǒ méi yǒu shuǐ wǒ men jiā de jīn yú
首先，如果没有水，我们家的金鱼
jiù huì sǐ diào yīn wèi dào mù qián wéi zhǐ hái méi tīng shuō
就会死掉，因为到目前为止还没听说
guo kě lè kě yǐ yǎng jīn yú de rú guǒ jīn yú sǐ diào
过可乐可以养金鱼的。如果金鱼死掉
le lǎo bà jiù huì hěn shāng xīn
了，老爸就会很伤心。

如果没有水，我们吃完饭就洗不了碗了，下次就不能再吃饭了。我们只能去外面吃饭，可是我更喜欢老妈做的饭。

（莫老师评语：你的意思是饭店从来不洗碗吗？）

对了，如果没有水，老妈就没办法洗衣服，我就穿不上干净衣服了。

（莫老师评语：这样你妈妈就轻松多了。）

如果没有水，老爸就没办法洗脚，老爸一定会很高兴，但他不洗脚我一定会被熏死的。

（莫老师评语：？？？？？？？）

如果没有水，我们就不能去游泳，也不能去钓鱼，更不能划船了。唉，没有水，生活多么无聊啊！

（莫老师评语：米小圈，我觉得你是个超级乐观的孩子，但是你忘记了，如果我们人类不喝水，就没办法活着。

好吧，你和姜小牙会说，我们喝可乐。可乐难道不是水做的吗？

重写！）

老鹰捉小鸡

6月23日 星期三

jīn tiān wèi lǎo shī dà fā cí bēi fán shì zuó tiān
今天，魏老师**大发慈悲**，凡是昨天
zuò yè quán bù zhèng què de tóng xué xià wǔ dōu kě yǐ dào cāo
作业全部正确的同学下午都可以到操
chǎngshang zì yóu huó dòng
场上自由活动。

wǒ hé jiāng xiǎo yá dōu xiě duì le tiě tóu què bèi
我和姜小牙都写对了，铁头却被
liú xià lái le
留下来了。

wǒ men bān de cōng míng rén chē chí tí yì wǒ men
我们班的聪明人车驰提议：“我们
lái wán lǎo yīng zhuā xiǎo jī de yóu xì ba
来玩**老鹰抓小鸡**的游戏吧？”

cōng míng rén chē chí xiǎng chū de yóu xì yì diǎnr dōu
聪明人车驰想出的游戏一点儿都
bù cōng míng dàn tóng xué men dōu fēi cháng yuàn yì wán wǒ yě
不聪明，但同学们都非常愿意玩，我也
zhǐ hǎo gēn zhe wán le qǐ lái
只好跟着玩了起来。

wǒ men wán le yí huìr jué de méi yì si yào
我们玩了一会儿，觉得没意思。要
shi tiě tóu yě néng yì qǐ wán jiù hǎo le
是铁头也能一起玩就好了。

jiāng xiǎo yá yì zhǐ yuǎn chù tiě tóu lái la
姜小牙一指远处：“铁头来啦！”

wā guǒ rán shì tiě tóu kàn lái tā bèi lǎo
“哇！**果然**是铁头。”看来他被老
shī fàng chū lái le
师放出来了。

tiě tóu hǎn dào wǒ yào dāng lǎo yīng wǒ yào dāng
铁头喊道：“我要当老鹰，我要当

lǎo yīng
老鹰。”

yú shì tiě tóu dāng qǐ le lǎo yīng, jiāng xiǎo yá dāng qǐ le jī dà mā.
于是铁头当起了老鹰，姜小牙当起了鸡大妈。

tiě tóu fēng kuáng de xiàng wǒ men pū le guò lái, wǒ men zuǒ duǒ yòu shǎn. bù hǎo, wǒ méi yǒu duǒ diào, wū wū …… bèi tā zhuā dào le!
铁头**疯狂**地向我们扑了过来，我们左躲右闪。不好，我没有躲掉，呜呜……被他抓到了！

kě wù de tiě tóu, tài bú gòu yì si le, jū rán zhuā wǒ! wǒ shì bú huì fàng guo tā de.
可恶的铁头，太不够意思了，居然抓我！我是不会放过他的。

我向“鸡群”扑了过去，我的目标只有一个，就是铁头。

铁头跑得飞快，我抓了几次都没有抓到他。不行，我得再快一点儿，更快一点儿。哈哈，我抓到铁头的衣服了。

我用力拽住铁头的衣服，谁知铁头还是不肯认输，继续往前跑。

wū wū wǒ bèi tiě tóu shuǎi le chū qù shuāi dǎo le yūn guò qù le
呜呜……我被铁头甩了出去，**摔倒**了，晕过去了。

wǒ xǐng guò lái de shí hou tīng jiàn tiě tóu zhèng zài kū wū wū wū wǒ shā sǐ le mǐ xiǎo quān
我醒过来的时候，听见铁头正在哭：“呜呜呜……我杀死了米小圈。”

wǒ gǎn kuài yòu zhuāng zuò yūn guò qù le hā hā
我赶快又装作晕过去了。哈哈。

受伤的好处

6月25日 星期五

wǒ běn yǐ wéi wǒ shāng de hěn zhòng kě yǐ xiàng shàng
我本以为我伤得很重，可以像上

cì tiě tóu shòu shāng yí yàng zài jiā xiū yǎng hěn cháng yí duàn
次铁头受伤一样，在家**休养**很长一段

shí jiān kě wǒ cái xiū xi le yì tiān jiù bèi lǎo mā gǎn
时间，可我才休息了一天，就被老妈赶

去上学了。

“老妈，我觉得**浑身上下**哪儿都疼。”我可怜巴巴地说。

老妈检查了一下我的身体：“米小圈，你不用装病了，你老妈我可是医生，赶快上学去。”

好吧，我承认我只是**膝盖**擦破了皮而已，但是真的很疼呀。

突然，我们听到一阵敲门声：“米小圈，是我，你的好兄弟铁头。”

我说过再也不理铁头了，可是他却主动找上门来。

铁头一进门就从书包里拿出一大

bāo guǒ dòng mǐ xiǎo quān wǒ men yì qǐ qù shàng xué ba
包果冻："米小圈，我们一起去上学吧。"

wǒ zhèng zhǔn bèi shuō bú qù dàn rú guǒ bú qù guǒ dòng jiù huì bèi tiě tóu chī guāng wǒ jiù tóng yì le
我正准备说不去，但如果不去，果冻就会被铁头吃光。我就同意了。

guǒ dòng hěn kuài jiù chī wán le wǒ de xī gài yòu yǒu diǎnr téng le tiě tóu wǒ de xī gài hǎo téng nǐ bēi wǒ ba
果冻很快就吃完了，我的膝盖又有点儿疼了："铁头，我的膝盖好疼，你背我吧。"

tiě tóu hěn shuǎng kuai de dā ying le bēi qǐ wǒ xiàng xué xiào zǒu qù
铁头很**爽快**地答应了，背起我向学校走去。

tiě tóu bēi zhe wǒ zǒu de shí zài shì tài màn le
铁头背着我走得实在是太慢了，
wǒ men gāng dào xiào mén kǒu líng shēng jiù yǐ jīng jié shù le
我们刚到校门口，铃声就已经**结束**了。

tiě tóu shuō wán dàn le wǒ men chí dào le
铁头说：“完蛋了，我们迟到了。”

wǒ shuō fàng xīn ba yǒu wǒ ne
我说：“放心吧，有我呢。”

wǒ men zǒu jìn jiào shì wèi lǎo shī gāng yào fā huǒ
我们走进教室，魏老师刚要发火，
yí kàn shì wǒ lái le jiù gǎn kuài shuō mǐ xiǎo quān
一看是我来了，就赶快说：“米小圈，
nǐ lái le xī gài zěn me yàng le
你来了？膝盖怎么样了？”

hā hā wǒ men guǒ rán méi bèi lǎo shī pī píng
哈哈，我们果然没被老师批评。

jiē xià lái bān zhǎng bǎ zuò yè shōu le shàng qù kě
接下来班长把作业收了上去，可
shì wǒ wàng jì xiě le
是我忘记写了。

wèi lǎo shī yòu zhǔn bèi fā huǒ mǐ xiǎo quān nǐ
魏老师又准备发火：“米小圈，你
wèi shén me bù xiě zuò yè
为什么不写作业？”

āi yā lǎo shī wǒ de xī gài hǎo téng
“哎呀！老师，我的膝盖好疼。”

ò duì le nǐ shòu shāng le hǎo ba zhè cì yuán liàng nǐ

“哦！对了，你受伤了，好吧，这次**原谅**你。”

jīn tiān sǎo dì de rèn wu zhèng hǎo luò zài wǒ hé tóng zhuō xú dòu dou de tóu shang

今天扫地的任务，正好落在我和同桌徐豆豆的头上。

wǒ gǎn kuài shuō lǎo shī wǒ fēi cháng xiǎng sǎo dì kě shì wǒ shòu shāng le āi yā xī gài hǎo téng

我赶快说：“老师，我非常想扫地，可是我受伤了。哎呀！膝盖好疼！”

hā hā jiù zhè yàng wèi lǎo shī bǎ jiāng xiǎo yá jiào lái bāng wǒ qù sǎo dì le

哈哈……就这样，魏老师把姜小牙叫来，帮我去扫地了。

kàn lái shòu shāng de hǎo chù hái zhēn duō ya
看来受伤的好处还真多呀。

xià wǔ de tǐ yù kè wǒ zhèng zhǔn bèi gēn tiě tóu
下午的体育课，我正准备跟铁头
tā men chū qù wán qiú què bèi wèi lǎo shī jiào zhù le
他们出去玩球，却被魏老师叫住了：
mǐ xiǎo quān nǐ gàn má qù
“米小圈，你干吗去？”

lǎo shī wǒ qù shàng tǐ yù kè a
“老师，我去上体育课啊！”

wèi lǎo shī gǎn kuài shuō zhè zěn me xíng nǐ de
魏老师赶快说：“这怎么行，你的
shāng hái méi hǎo ne fàng xīn ba wǒ yǐ jīng gēn tǐ yù
伤还没好呢！放心吧，我已经跟体育
lǎo shī shuō le nǐ zhè táng kè kě yǐ bú yòng shàng
老师说了，你这堂课可以不用上。”

bú shàng lǎo shī bú yào
“不上？老师不要……”

yí huìr nǐ qù wǒ bàn gōng shì wǒ bāng nǐ bǎ
“一会儿你去我办公室，我帮你把
zuó tiān de kè bǔ shàng
昨天的课补上。”

lǎo shī a wǒ bù xiǎng bǔ kè wǒ xiǎng qù shàng
老师啊，我**不想补课**，我想去上
tǐ yù kè wū wū wū wǒ de shāng yǐ jīng hǎo le
体育课。呜呜呜……我的伤已经好了。

我来当厨师

6月26日 星期六

lǎo bà cái zǒu le jǐ tiān, wǒ jiù yǐ jīng hěn xiǎng
老爸才走了几天，我就已经很**想**
niàn tā le. zhēn xī wàng tā néng mǎ shàng huí lái.
念他了。真希望他能马上回来。

kě shì, lǎo bà què dǎ lái diàn huà shuō, tā hái yào
可是，老爸却打来电话说，他还要
zài shēn zhèn dāi hěn cháng yí duàn shí jiān, yì shí huí bù lái.
在深圳待很长一段时间，一时回不来。

wǒ tū rán hěn shī wàng, wǒ cóng lái méi hé lǎo bà
我突然很**失望**，我从来没和老爸
fēn kāi zhè me jiǔ.
分开这么久。

lǎo bà, mǐ xiǎo quān hǎo xiǎng nǐ ya!
老爸，米小圈好想你呀！

wǒ duì zhe diàn huà nà tóu de lǎo bà shuō: "lǎo
我对着电话那头的老爸说："老

bà nǐ huí lái ba qiú nǐ le rú guǒ nǐ huí lái
爸，你回来吧，求你了。如果你回来，
wǒ yí dìng huà yì zhāng chāo jí hǎo kàn de huà sòng gěi nǐ
我一定画一张**超级好看**的画送给你。”

zhēn de lǎo bà zài diàn huà nà tóu hěn gāo
“真的？”老爸在电话那头很高
xìng mǐ xiǎo quān nǐ xiàn zài qù bǎ mén dǎ kāi
兴，“米小圈，你现在去把门打开。”

wǒ gǎn kuài pǎo qù dǎ kāi le mén lǎo bà jiù zhàn
我赶快跑去打开了门，老爸就站
zài mén wài
在门外。

yuán lái zhè shì lǎo bà gù yì gěi wǒ de jīng xǐ
原来这是老爸**故意**给我的惊喜，
xī xī lǎo bà nǐ kě tài huài le
嘻嘻，老爸你可太坏了。

lǎo bà shuō mǐ xiǎo quān nà nǐ shuō huà suàn bú suàn shù
老爸说：“米小圈，那你说话算不算数？”

wǒ shuō shén me le
“我说什么了？”

jiù shì huà yì zhāng chāo jí hǎo kàn de huà ya
“就是画一张超级好看的画呀！”

zhè ge zhè ge bú suàn shù xíng bù xíng ya
“这个这个……**不算数**行不行呀？”

lǎo bà bù guāng huí lái le hái gěi wǒ hé lǎo mā dài le lǐ wù
老爸不光回来了，还给我和老妈带了礼物。

wǒ dǎ kāi lǐ wù hé zi wā yí liàng yáo kòng diàn
我打开礼物盒子，哇！一辆遥控电

动汽车。老爸万岁！

做晚饭的时间到了，为了答谢老爸的礼物，我决定，今天亲自做一个菜送给老爸。

老爸很好奇："呵呵，米小圈，你打算做个什么菜给我呢？"

"我只会做炒鸡蛋，就做个炒鸡蛋送给老爸你吧。"我把两个鸡蛋敲碎了，放进碗里。

老爸又说："米小圈，只是炒鸡蛋也太单调了吧。"

单调？有办法了！我又拿起两个鸡蛋："那我就做一个鸡蛋炒鸡蛋怎么样？"

wǒ kàn xíng lǎo bà bèi wǒ dòu xiào le
“我看行！”老爸被我**逗笑**了。

zuò jī dàn chǎo jī dàn de dì yī bù yǐ jīng wán chéng
le dì èr bù jiù shì yào bǎ jī dàn jiǎo yún wǒ xué
zhe lǎo mā de dòng zuò yòng kuài zi jiǎo qǐ le jī dàn
做鸡蛋炒鸡蛋的第一步已经完成了，第二步就是要把鸡蛋搅匀。我学着老妈的动作，用筷子搅起了鸡蛋。

xī xī zhēn hǎo wán āi yā wǎn yí xià zi diào
dào le dì shang
嘻嘻，真好玩。哎呀！碗一下子掉到了地上。

bù hǎo lǎo mā fā nù le mǐ xiǎo quān nǐ
kàn nǐ shǒu máng jiǎo luàn de gǎn kuài jìn wū qù ba wǒ lái
不好！老妈**发怒**了：“米小圈，你看你手忙脚乱的，赶快进屋去吧，我来做。”

“这怎么行？说好了要送给老爸的。”我又拿起几个鸡蛋**重新**做了起来。这次我终于顺利地把鸡蛋放进锅里，又加了几勺盐进去，炒了起来。

可是，哎呀！鸡蛋黑了。

老妈又发怒了：“米小圈，炒鸡蛋不要用这么大的火，你看都糊了。”

我赶快把火关掉，又在鸡蛋上加了点儿**番茄酱**，我人生的第一道菜就完成了。

我把菜端给老爸：“老爸，请品尝我的厨艺吧。”

lǎo bà kàn le kàn cài wèn dào mǐ xiǎo quān
老爸看了看菜，问道：“米小圈，
zhè ge hēi hū hū de dōng xi shì shén me
这个**黑乎乎**的东西是什么？”

ǎ wū wū lǎo bà zhè shì wǒ zuò de
“啊？呜呜……老爸，这是我做的
chǎo jī dàn ya
炒鸡蛋呀。”

lǎo bà jiā le yí kuài fàng jìn zuǐ li zhè ge
老爸夹了一块，放进嘴里：“这个
cài hěn hǎo chī ya
菜……很好吃呀。”

zhēn de xī xī kàn lái wǒ de chú yì bú
“真的？”嘻嘻，看来我的厨艺不
cuò ma wǒ yě jiā le yí kuài fàng jìn zuǐ li mǎ
错嘛。我也夹了一块，放进嘴里，马
shàng yòu tǔ le chū lái
上又吐了出来。

hǎo nán chī ya lǎo bà yí dìng shì wèi le ān
“好难吃呀。”老爸一定是为了**安**
wèi wǒ cái shuō hǎo chī de
慰我才说好吃的。

lǎo bà yòu chī le yí kuài shuō bú shì a
老爸又吃了一块，说：“不是啊，
zhǐ yào shì mǐ xiǎo quān wèi wǒ zuò de cài wǒ dōu jué de
只要是米小圈为我做的菜，我都觉得

hǎo chī
好吃。”

zhēn de
“真的？”

zhēn de mǐ xiǎo quān tóng xué
“真的。米小圈同学。”

tài hǎo le wǒ zài qù zuò yí gè cài gěi nǐ
“太好了，我再去做一个菜给你。”

lǎo bà tīng wán chà diǎnr yūn guò qù mǐ xiǎo quān
老爸听完差点儿晕过去：“米小圈，
bú yòng le nǐ jiù ráo le wǒ ba
不用了，你就**饶了我吧**。”

老妈生病了

6月27日 星期日

zhè jǐ tiān tiān qì fēi cháng chà yí gòng xià le liǎng
这几天，天气非常差，一共下了两
cháng yǔ dì yī cháng xià le sān tiān dì èr cháng xià le
场雨。第一场下了三天，第二场下了
sì tiān
四天。

lǎo mā tí xǐng wǒ yí dìng yào zhù yì shēn tǐ duō
老妈**提醒**我，一定要注意身体，多
chuān yī fu qiān wàn bié gǎn mào
穿衣服，千万**别感冒**。

kě shì jīn tiān lǎo mā zì jǐ què gǎn mào le
可是今天老妈自己却感冒了。

lǎo mā zài yī yuàn gōng zuò kě jīn tiān wǒ yào dāng
老妈在医院工作，可今天我要当
lǎo mā de hù shi wǒ zhǎng dà le wǒ yào zhào gù lǎo mā
老妈的护士。我长大了，我要**照顾**老妈。

lǎo mā shuō mǐ xiǎo quān tīng dào nǐ de huà
老妈说：“米小圈，听到你的话，
mā ma de bìng jiù hǎo le yí dà bàn
妈妈的病就好了一大半。”

kàn lái wǒ de huà bǐ yào hái guǎn yòng nà wǒ děi
看来我的话比药还管用，那我得
duō shuō yì xiē zhè yàng lǎo mā de bìng jiù quán hǎo le
多说一些，这样老妈的病就全好了。

lǎo mā děng wǒ yǒu qián le wǒ gěi nǐ mǎi liàng
“老妈，等我有钱了，我给你买辆
chē zài mǎi yí tào dà fáng zi
车，再买一套**大房子**。”

lǎo bà tiào le chū lái mǐ xiǎo quān nà nǐ yǒu
老爸跳了出来：“米小圈，那你有

qián le gěi wǒ mǎi shén me ya
钱了，给我买什么呀？”

wǒ xiǎng le xiǎng lǎo bà wǒ gěi nǐ mǎi yí gè
我想了想：“老爸，我给你买一个

zì dòng xǐ jiǎo pén zhè yàng nǐ de jiǎo jiù bú huì nà me
自动洗脚盆，这样你的脚就不会那么

chòu le
臭了。”

hē hē hē hē lǎo mā bèi wǒ dòu lè le
“呵呵呵呵……”老妈被我逗乐了。

lǎo mā shēng bìng le zuò bù liǎo wǔ cān le wǒ jué
老妈生病了，做不了午餐了，我决

dìng gěi lǎo mā zuò yí cì jī dàn chǎo jī dàn kě shì bèi
定给老妈做一次鸡蛋炒鸡蛋，可是被

lǎo mā jù jué le
老妈**拒绝**了。

lǎo mā shuō mǐ xiǎo quān mā ma dōu shēng bìng
老妈说："米小圈，妈妈都生病
le nǐ jiù fàng guo mā ma ba
了，你就放过妈妈吧。"

wū wū wǒ zuò de zhēn de hěn nán chī ma
呜呜……我做的真的很难吃吗？

kě shì lǎo mā yòu bù xǐ huan chī wài mài zěn me
可是，老妈又不喜欢吃外卖，怎么
bàn ne
办呢？

lǎo bà zì gào fèn yǒng mǐ xiǎo quān hái yǒu wǒ
老爸**自告奋勇**："米小圈，还有我
ne nǐ zěn me wàng jì le
呢！你怎么忘记了？"

kě shì lǎo bà wǒ zhǎng zhè me dà jiù cóng lái
"可是，老爸，我长这么大就从来
méi jiàn nǐ zuò guo fàn a
没见你做过饭啊？"

jīn tiān wǒ jiù ràng dà jiā cháng yi cháng wǒ de shǒu
"今天，我就让大家尝一尝我的手
yì nǐ shì xiǎng chī hóng shāo niú ròu ne hái shi xiāng là
艺。你是想吃红烧牛肉呢？还是香辣
jī kuài hái shi lǎo tán suān cài
鸡块？还是老坛酸菜？"

wǒ yào chī hóng shāo niú ròu
"我要吃红烧牛肉！"

hǎo de méi wèn tí lǎo bà ná zhe sān dài
“好的，没问题。”老爸拿着三袋
hóng shāo niú ròu miàn xiàng chú fáng zǒu qù
红烧牛肉面向厨房走去。

ǎ yuán lái shì fāng biàn miàn ya
啊？原来是方便面呀。

yì xiǎo huìr sān wǎn rè téng téng de fāng biàn miàn jiù
一小会儿，三碗热腾腾的方便面就
zuò hǎo le
做好了。

lǎo bà dé yì de shuō mǐ xiǎo quān nǐ kàn wǒ
老爸得意地说：“米小圈，你看我
de shǒu yì bú cuò ba
的手艺不错吧？”

bú jiù shì zhǔ fāng biàn miàn ma hái yòng shén me shǒu
“不就是煮方便面吗？还用什么手
yì
艺。”

lǎo bà yǒu diǎnr shēng qì nǐ zǐ xì kàn kan
老爸有点儿生气：“你仔细看看，
zhè zěn me néng shì zhǔ fāng biàn miàn ne
这怎么能是煮方便面呢？”

wǒ kàn lái kàn qù dōu zhǐ kàn dào le fāng biàn miàn
我看来看去，都只看到了方便面。

lǎo bà zhǐ zhe fāng biàn miàn shuō zhè shì jiā le jī
老爸指着方便面说：“这是加了鸡

dàn de fāng biàn miàn
蛋的……方便面。”

qiè hái shi fāng biàn miàn
“切！还是方便面。”

wǎn cān shí lǎo bà yòu zuò le yí dùn fāng biàn miàn
晚餐时，老爸又做了一顿方便面。

tiān a
天啊！

lǎo bà dé yì de shuō mǐ xiǎo quān zhè cì de
老爸**得意**地说：“米小圈，这次的

fāng biàn miàn hé zhōng wǔ de bù yí yàng nǐ zài zǐ xì kàn kan
方便面和中午的不一样，你再仔细看看。”

wǒ kàn jiàn le guǒ rán bù yí yàng lǎo bà
我看见了，果然不一样：“老爸，

这次是加了肉丝的方便面，对吧？”

“哈哈，米小圈，你真是太聪明了。”老爸抱着我亲了一口。

唉……老妈，你赶快好起来吧，米小圈再吃方便面就要变成**方便面超人**啦。

米小圈做家务

6月28日 星期一

jīn tiān wǒ jué dìng， wǒ yào zì jǐ zuò jiā wù！
今天我决定，我要自己做家务！
lǎo mā yǐ jīng **yǎn yǎn yì xī** le， shēn wéi nán zǐ hàn de
老妈已经**奄奄一息**了，身为男子汉的
wǒ， yào chéng dān qǐ jiā tíng de zhòng dàn。
我，要承担起家庭的重担。

（lǎo mā píng yǔ： yǎn yǎn yì xī？ mǐ xiǎo quān， yòng
（老妈评语：奄奄一息？米小圈，用
cí bú dàng！ wǒ zhǐ shì gǎn mào ér yǐ， méi nà me róng yì
词不当！我只是感冒而已，没那么容易
sǐ diào。）
死掉。）

dì yī xiàng jiā wù： shōu shi wán jù
第一项家务：收拾玩具

wǒ de wán jù yòu duō yòu luàn， wǒ de huī tài láng
我的玩具又多又乱，我的灰太狼

dào xiàn zài dōu bù zhī dào pǎo nǎ lǐ qù le suǒ yǐ wǒ
到现在都不知道跑哪里去了，所以我
děi bǎ tā men zhǎo dào bìng qiě fàng zài yí gè dà hé zi
得把它们找到，并且放在一个大盒子
li wǒ zài chuáng xià zhǎo dào le wǒ de kǒng lóng yòu zài
里。我在床下找到了我的恐龙，又在
guì zi li zhǎo dào le qī zǎi zuì zhōng zài shā fā hòu miàn
柜子里找到了七仔，最终在沙发后面
zhǎo dào le huī tài láng wā hǎo duō huī a guǒ rán
找到了灰太狼。哇！好多灰啊，果然
shì huī tài láng a hā hā
是灰太狼啊，哈哈。

wǒ de wán jù zhěng zhěng zhuāng le sān dà hé zi dōu
我的玩具整整装了三大盒子，都
fàng dào chuáng xià ba zhè yàng tā men jiù pǎo bù liǎo la
放到床下吧，这样它们就跑不了啦。

dì èr xiàng jiā wù zhěng lǐ shū jí
第二项家务：整理书籍

wǒ de màn huà shū hǎo duō a dào chù dōu shì wǒ
我的漫画书好多啊，到处都是，我
de rèn wu jiù shì bǎ tā men àn zhào xù hào bǎi fàng zài shū
的任务就是把它们**按照序号**摆放在书
guì shang zhè yàng yǐ hòu xiǎng kàn nǎ běn jiù kě yǐ zhí jiē
柜上，这样以后想看哪本就可以直接
zhǎo dào le
找到了。

wǒ bǎ zuì xǐ huan de shū bǎi zài zuì róng yì ná dào
我把最喜欢的书摆在最容易拿到
de dì fang zhěng lǐ wán bì wǒ ná qǐ yì běn màn huà
的地方。整理完毕，我拿起一本漫画
shū kàn le qǐ lái zhēn fāng biàn a
书看了起来，真方便啊。

dì sān xiàng jiā wù dié yī fu
第三项家务：叠衣服

wǒ yī guì li de gān jìng yī fu yǒng yuǎn dōu shì zhěng
我衣柜里的干净衣服永远都是**整**
zhěng qí qí de bǎi zài nà lǐ de zhè quán dōu shì lǎo mā
整齐齐地摆在那里的，这全都是老妈
de gōng láo zhè cì wǒ yào zì jǐ lái dié yī fu
的功劳。这次我要自己来叠衣服。

kě wǒ dié le jǐ cì dōu dié bù hǎo lǎo mā zhǐ
可我叠了几次都叠不好，老妈只

hǎo zhēng zhá zhe cóngchuángshang qǐ lái jiāo wǒ dié yī fu
好**挣扎**着从床上起来，教我叠衣服。

wǒ zhōng yú huì dié le ér qiě lǎo mā shuō wǒ dié de bǐ
我终于会叠了，而且老妈说我叠得比

tā hái yào hǎo
她还要好。

dì sì xiàng jiā wù xué yòng xī chén qì
第四项家务：学用吸尘器

lǎo mā bǎ xī chén qì zǔ zhuāng hǎo gào su wǒ àn
老妈把吸尘器组装好，告诉我按

yí xià àn niǔ jiù kě yǐ xī chén le
一下按钮就可以吸尘了。

zhè tài jiǎn dān le wǒ àn zhào lǎo mā de zhǐ shì
这太简单了，我按照老妈的指示，

àn le yí xià xī chén qì shang de àn niǔ wēng de yì shēng
按了一下吸尘器上的按钮。嗡的一声，

吸尘器开始工作了。我赶快将吸尘器的吸头对准地面，果然灰尘都被吸到吸尘器的肚子里了。这可比扫地方便多了，我们班要是有吸尘器该多好。

我把客厅、厨房、我的小房间，还有老爸老妈的卧室统统吸了个遍。家里简直可以用**一尘不染**来形容，老妈还特意夸奖了我。

dì wǔ xiàng jiā wù : tuō dì bǎn
第五项家务：拖地板

zhè xiàng jiā wù méi yǒu xī chén hǎo wán, wǒ děi yòng
这项家务没有吸尘好玩，我得用
tuō bù lái huí de tuō dì, tuō bù hěn róng yì zāng, wǒ hái
拖布来回地**拖地**，拖布很容易脏，我还
yào qù wèi shēng jiān bǎ tuō bù xǐ gān jìng, rán hòu zài lái
要去卫生间把拖布洗干净，然后再来
tuō dì.
拖地。

wā! wǒ de xiǎo fáng jiān guǒ rán biàn le gè yàng zi:
哇！我的小房间果然变了个样子：
luàn fàng de wán jù bú jiàn le, ér qiě wǒ zhǎo dào le huī
乱放的玩具不见了，而且我找到了灰
tài láng; màn huà shū yě pái hǎo le duì; wǒ hái kě yǐ zuò
太狼；漫画书也排好了队；我还可以坐
zài dì shang wán, yīn wèi shì wǒ gāng gāng cā guo de, yì
在地上玩，因为是我刚刚擦过的，一
diǎnr yě bù zāng.
点儿也不脏。

wǒ hǎo lèi a! wǒ tǎng zài zì jǐ de xiǎo chuáng shang,
我好累啊！我躺在自己的小床上，
xīn qíng gé wài hǎo, xià cì wǒ hái zì jǐ shōu shi fáng jiān.
心情**格外**好，下次我还自己收拾房间。

有趣的智商测试

6月29日 星期二

lí qī mò kǎo shì de rì zi yuè lái yuè jìn le
离期末考试的日子越来越近了，
wǒ yě yuè lái yuè jǐn zhāng rú guǒ zhè cì kǎo bù hǎo
我也越来越**紧张**。如果这次考不好，
wǒ de shǔ jià kě jiù yào zài bǔ xí bān dù guò le
我的暑假可就要在补习班度过了。

jīn tiān wèi lǎo shī xuān bù dì èr jié kè jǔ bàn
今天，魏老师宣布，第二节课举办
yí gè zhì shāng cè shì dà sài shéi dá de zuì zhǔn què
一个**智商测试大赛**。谁答得最准确，
shéi jiù shì bān jí zhì shāng zuì gāo de xiǎo háir
谁就是班级智商最高的小孩儿。

zhè yí dìng hěn yǒu qù xī xī wǒ cāi tiě tóu yí
这一定很有趣，嘻嘻，我猜铁头一
dìng shì zuì hòu yì míng yīn wèi tā tài bèn le
定是最后一名，因为他太笨了。

第二节课很快就到了，魏老师把智商测试题发给了同学们。

大家一看全都傻眼了，满满一整页的难题，一堂课根本答不完。

魏老师说：“大家要在**十分钟之内**把题答完，十分钟一到我就要收卷子啦。”

“啊?!”魏老师，这怎么可能答得完呢？

wèi lǎo shī xuān bù dá tí kāi shǐ
魏老师宣布：“答题开始！”

jiào shì li dùn shí ān jìng xià lái tóng xué men de
教室里**顿时**安静下来，同学们的
é tóu hé shǒu xīn kāi shǐ mào hàn jǐn zhāng de bù dé liǎo
额头和手心开始冒汗，紧张得不得了。

shéi yě bú yuàn chéng wéi bān jí zhì shāng zuì dī de xiǎo
谁也不愿成为班级智商最低的小
háir dà jiā pīn mìng de dá qǐ tí lái
孩儿，大家**拼命**地答起题来。

shí jiān yuè lái yuè shǎo le wǒ cái dá le shí wǔ
时间越来越少了，我才答了十五
dào tí hái yǒu yí dà bàn méi yǒu dá
道题，还有一大半没有答。

zhè shí zhǐ tīng lǎo shī shuō
这时，只听老师说：“5、4、3、2、1……

shí jiān dào dà jiā bǎ juàn zi jiāo shàng lái
时间到，大家把卷子交上来。”

jiào shì li dùn shí yí piàn āi háo jiù lián wǒ men
教室里顿时一片哀嚎，就连我们

bān zuì niú de chē chí dōu cái dá le sān shí dào tí
班最牛的车驰都才答了三十道题。

juàn zi bèi shōu shàng qù le dà jiā dōu hěn hài pà
卷子被收上去了，大家都很害怕

zì jǐ de zhì shāng zuì dī rú guǒ nà ge rén shì wǒ
自己的智商最低。如果那个人是我，

wǒ yí dìng huì bèi jiāng xiǎo yá hé tiě tóu xiào sǐ de
我一定会被姜小牙和铁头笑死的。

wèi lǎo shī fān le fān juàn zi shuō wǒ yǐ jīng zhī
魏老师翻了翻卷子说：“我已经知

dào shéi shì zán men bān zhì shāng zuì gāo de tóng xué la
道谁是咱们班智商最高的同学啦。”

bú yòng cāi yí dìng shì chē chí tā zǒng shì kǎo dì
不用猜，一定是车驰，他总是考第

yī míng
一名。

wèi lǎo shī shuō shì xíng tiě tóng xué
魏老师说：“是邢铁同学。”

ǎ zěn me kě néng ne dà jiā yì tīng
“啊？怎么可能呢？”大家一听，

yǎn zhū zi chà diǎnr diào dào dì shang
眼珠子差点儿掉到地上。

“哈哈哈哈……”铁头笑个不停。

真搞不懂，铁头怎么可能是智商最高的呢？一定是魏老师**看错了**。

魏老师拿起铁头的卷子：“大家看，这最后一题上写了什么？”

大家一看，都哈哈地笑了起来，上面写着——

如果你在做题之前阅读了所有题目，那么恭喜你，你只需要做最后一题就可以了，前面的题都不算数。

原来老师出这套题的目的是为了**提醒**大家，考试时先不要急着答题，应该把题全审一遍再开始答。我明白了。

可是不明白的是，一向马虎的铁头怎么会**审题**呢？魏老师也很好奇，把铁头叫了起来。

铁头摸着大脑袋，很不好意思地说：“其实，我只是想挑自己会的题先答，可是一直看到最后一题，也没找

dào zì jǐ huì de yú shì jiù kàn dào le nà ge tí shì
到自己会的，于是就看到了那个**提示**。”

wèi lǎo shī tīng wán chà diǎnr bèi tiě tóu qì yūn guò qù
魏老师听完，差点儿被铁头气晕过去。

hā hā hā hā hā tiě tóu tài dòu le
哈哈哈哈哈……铁头太逗了。

爸爸写作业

6 月 30 日 星期三

jīn tiān shì lǎo bà jiē wǒ fàng xué de lǎo bà shuō
今天是老爸接我放学的。老爸说，
lǎo mā qù cān jiā tóng xué jù huì le yào hěn wǎn cái huì
老妈去参加**同学聚会**了，要很晚才会
huí lái
回来。

lǎo mā jīn tiān bú zài jiā wàn suì
老妈今天不在家，万岁！

lǎo mā bú zài jiā wǒ jiù kě yǐ dǎ kāi bīng xiāng
老妈不在家，我就可以打开冰箱
chī hěn duō hěn duō de bīng jī líng kě yǐ tǎng zài chuángshang
吃很多很多的冰激凌，可以躺在床上
kàn màn huà shū kě yǐ xiān pǎo chū qù zhǎo jiāng xiǎo yá wán
看漫画书，可以先跑出去找姜小牙玩，
rán hòu zài xiě zuò yè
然后再写作业。

lǎo bà tiào chū lái shuō lǎo po bú zài jiā wàn
老爸跳出来说："老婆不在家，万
suì wǒ zhōng yú kě yǐ xià bān huí jiā bù xǐ jiǎo la
岁！我终于可以下班回家**不洗脚**啦。"

ǎ lǎo bà zhè ge bú yào a
啊？老爸，这个……不要啊……

lǎo bà zhēn shì tài gòu yì si le wǒ xiǎng xiān qù
老爸真是太够意思了。我想先去
zhǎo jiāng xiǎo yá wán rán hòu zài huí lái xiě zuò yè tā
找姜小牙玩，然后再回来写作业，他
hěn shuǎng kuai de tóng yì le dàn zhǐ yǔn xǔ wǒ chū qù wán
很爽快地同意了，但只允许我出去玩
bàn gè xiǎo shí
半个小时。

jiāng xiǎo yá tā bà gěi tā mǎi le yí gè huá bǎn
姜小牙他爸给他买了一个**滑板**，

wǒ men pǎo dào tā jiā fù jìn de dà xué li qù wán huá bǎn
我们跑到他家附近的大学里去玩滑板。

huá bǎn zhēn hǎo wán yòng jiǎo yì dēng jiù kě yǐ huá chū lǎo
滑板真好玩，用脚一蹬就可以滑出老

yuǎn hái kě yǐ guǎi wān
远，还可以**拐弯**。

bú guò wǒ hé jiāng xiǎo yá dōu bú tài huì wán zǒng
不过，我和姜小牙都不太会玩，总

shì cóng huá bǎn shang shuāi xià lái wǒ shuāi le wǔ jiāo jiāng
是从滑板上摔下来。我摔了五跤，姜

xiǎo yá bǐ wǒ niú yí gòng shuāi le èr shí jǐ jiāo
小牙比我牛，一共摔了二十几跤。

wǒ men wán de zhèng gāo xìng ne jiāng xiǎo yá de lǎo
我们玩得正高兴呢，姜小牙的老

bà chū xiàn le
爸出现了。

“米小圈，你爸爸刚才给我打电话了，让你赶快回去写作业。”姜小牙老爸对我说。

“叔叔，滑板太好玩了，让我再玩一会儿吧，就一小会儿。”

姜小牙帮忙说：“是啊，爸爸，让我们再玩一会儿吧。”

谁知姜小牙老爸**发怒**了：“小牙，就快考试了，你还敢说再玩一会儿！我问你，你不是说你们老师今天没留作业吗？快给我回家，今天写不完作业看我怎么**修理**你……”

我回到家，老爸正在沙发上悠闲

de kàn wǔ xiá xiǎo shuō mǐ xiǎo quān nǐ huí lái le
地看**武侠小说**："米小圈，你回来了？

kuài qù xiě zuò yè ba
快去写作业吧。"

lǎo bà wǒ hái méi wán gòu ne wǒ xiǎng zài wán
"老爸，我还没玩够呢，我想再玩

huìr diàn nǎo
会儿电脑。"

zhè zěn me xíng děng nǐ xiě wán zuò yè rú guǒ
"这怎么行?!等你写完作业，如果

shí jiān bù wǎn wǒ jiù ràng nǐ wán
时间不晚我就让你玩。"

ò hǎo ba
"哦！好吧。"

yì bǎi dào shù xué tí zhè zěn me kě néng xiě de
一百道数学题，这怎么可能写得

完呢？就是写完了，老妈肯定也回来了。老妈回了家，我还想玩电脑，简直是**做梦**啊。

于是我又去求老爸：“老爸，我有事……”

“米小圈，你怎么一写作业就有事啊？”

“老爸，今天的作业实在是太多了，要做一百道数学题呢。”

“一百道数学题？这么多！”

“是啊，老爸，如果我写不完，明天交不了作业，肯定会被老师**批评**的。被老师批评事小，给老爸你丢脸事大啊。”

老爸被我说蒙了："那怎么办啊？"

"老爸，你帮我写呗。"

"啊？我帮你写？这怎么行？！"老爸惊讶地看着我。

"老爸，就这一次，求你了。"

老爸**犹豫**了一下："好吧，我就帮你写一次，但是你千万不可以告诉你妈妈。"

"老爸，放心吧，打死你我都不会说的。"

"嗯。嗯？"

"哦，不是，是打死我，我都不会说的。"

“这还差不多。”

我把作业本交给老爸，开心地玩起了电脑。玩电脑比写作业有意思多了。

我玩了二十分钟的电脑，老爸突然出现在我的身后：“米小圈，作业写完了。”

我玩得正入迷，眼睛盯着屏幕对

lǎo bà shuō lǎo bà nǐ tài gòu yì si le bǎ zuò
老爸说：“老爸，你太够意思了，把作
yè fàng wǒ shū bāo li ba wǒ zài wán yí huìr jiù bù wán
业放我书包里吧，我再玩一会儿就不玩
le
了。”

shéi zhī lǎo bà què shuō méi shì mǐ xiǎo quān
谁知老爸却说：“没事，米小圈，
nǐ xiǎng wán dào shén me shí hou jiù wán dào shén me shí hou
你想玩到什么时候就玩到什么时候，
fǎn zhèng nǐ de zuò yè yǐ jīng wán chéng le
反正你的作业已经完成了。”

zhè me hǎo wǒ jīng yà de kàn zhe lǎo bà
“这么好？”我**惊讶**地看着老爸，
bù gǎn xiāng xìn zhè shì lǎo bà duì wǒ shuō de huà
不敢相信这是老爸对我说的话。

dàn shì gāng cái wǒ bāng nǐ xiě zuò yè de shí
“但是，刚才我帮你写作业的时
hou jué de kàn diàn shì bǐ xiě zuò yè hǎo wán suǒ yǐ
候，觉得看电视比写作业好玩，所以
jiù yì biān kàn diàn shì yì biān xiě zuò yè jié guǒ yì bǎi
就一边看电视一边写作业，结果一百
dào tí zhōng yǒu shí dào tí xiě cuò le bú guò méi shì
道题中有十道题写错了，不过没事，
cái cuò le shí dào tí ér yǐ lǎo bà shuō wán jiù zhuǎn
才错了十道题而已。”老爸说完就转

shēn lí kāi le
身离开了。

shén me zuò cuò le shí dào tí nà zěn me
什么？？？做错了十道题，那怎么

xíng míng tiān huì bèi wèi lǎo shī pī píng de wǒ gǎn kuài
行，明天会被魏老师批评的！我赶快

guān le diàn nǎo ná chū suàn shù běn xún zhǎo zuò cuò le
关了电脑，拿出算术本，寻找做错了

de shù xué tí
的**数学题**。

wǒ fā xiàn zhǎo cuò wù de shù xué tí bǐ zì jǐ
我发现，找错误的数学题比自己

zuò hái yào nán yí gè xiǎo shí guò qù le wǒ zhǐ zhǎo
做还要难。一个小时过去了，我只找

chū jiǔ dào tí lái zuì hòu yí dào cuò wù de shù xué tí
出九道题来，最后一道错误的数学题

dào dǐ pǎo nǎr qù le
到底跑哪儿去了？

wǒ suàn le yí biàn yòu yí biàn zuì hòu yí dào cuò
我算了一遍又一遍，最后一道错

wù de shù xué tí zhōng yú bèi wǒ zhǎo dào le
误的数学题**终于**被我找到了。

hā hā tài gāo xìng le wǒ zhōng yú quán zhǎo chū lái
哈哈！太高兴了，我终于全找出来

le
了！

考前准备

7月1日 星期四

shí jiān guò de kě zhēn kuài a xiǎng bu dào zhǐ shèng
时间过得可真快啊，想不到只剩

xià yì tiān jiù yào qī mò kǎo shì le kě shì wǒ hái yǒu
下一天就要**期末考试**了。可是我还有

hǎo duō dōng xi méi xué huì ne zài bù xué zhēn de jiù lái
好多东西没学会呢！再不学真的就来

不及了。

（老妈评语：米小圈，你早干吗去了？）

今天我早早儿来到班级，看起书来。我发现了一件很**糟糕**的事儿，在李黎的帮助下，铁头在学习方面似乎突然开窍了。

今天我考了他几道题，没想到他全答对了。可是我都不会的题，铁头怎么可以会呢！

万一铁头考得比我好，老妈一定会骂死我的。

（老妈评语：米小圈，妈妈是这么心胸狭隘的人吗？如果姜小牙和铁头都比你

kǎo de hǎo, wǒ cái huì mà nǐ
考得好，我才会骂你。）

bù xíng, wǒ děi zhǎo gè rén bāng bang wǒ cái xíng
不行，我得找个人帮帮我才行。

zhǎo shéi ne duì le, wǒ de jiù tóng zhuō lǐ lí, tā yí
找谁呢？对了，我的旧同桌李黎，她一

dìng yuàn yì bāng zhù wǒ
定**愿意**帮助我。

cǐ shí de lǐ lí zhèng zài gěi tiě tóu jiǎng tí, wǒ
此时的李黎正在给铁头讲题，我

ná zhe shū zǒu le guò qù: lǐ lí, wǒ yǒu hǎo duō tí
拿着书走了过去：“李黎，我有好多题

bú huì, nǐ néng gěi wǒ jiǎng jiang ma
不会，你能给我讲讲吗？”

bù xíng tiě tóu zài yì páng zǔ zhǐ dào
“不行！”铁头在一旁阻止道。

tiě tóu wǒ yòu méi ràng nǐ bāng wǒ
“铁头，我又没让你帮我。”

tiě tóu shuō lǐ lí shì wǒ tóng zhuō yòu bú shì nǐ tóng zhuō suǒ yǐ bù xíng
铁头说：“李黎是我同桌，又不是你同桌，所以不行。”

kě tā shì wǒ de qián tóng zhuō a
“可她是我的前同桌啊。”

nà yě bù xíng
“那也不行……”

lǐ lí rén zhēn hǎo tā bú gù tiě tóu de fǎn duì hái shi bāng zhù le wǒ kě shì tiě tóu què zài yì páng dǎo luàn
李黎人真好，她不顾铁头的反对，还是帮助了我，可是铁头却在一旁**捣乱**。

tiě tóu yí dìng shì pà wǒ bǐ tā kǎo de hǎo tā
铁头一定是怕我比他考得好。他
tài huài le
太坏了。

bù xíng wǒ yí dìng yào nǔ lì xué xí ràng tiě tóu
不行，我一定要努力学习，让铁头
kǎo zuì hòu yì míng qì sǐ tā
考最后一名，气死他。

lǎo mā píng yǔ mǐ xiǎo quān bù néng zhè yàng shuō nǐ
（老妈评语：米小圈，不能这样说你
de péng you yīng gǎi wéi wǒ yí dìng yào nǔ lì xué xí ràng
的朋友。应改为：我一定要努力学习，让
tiě tóu kǎo zuì hòu yì míng xiàn mù sǐ tā yě bú duì bù
铁头考最后一名，羡慕死他。也不对，不
néng ràng tiě tóu kǎo zuì hòu yì míng fǎn zhèng nǐ nǔ lì xué xí jiù
能让铁头考最后一名。反正你努力学习就
duì le bú yào pò huài nǐ men de yǒu yì
对了，不要破坏你们的友谊。）

考试进行时

7月2日 星期五

kǎo shì de rì zi zhōng yú hái shi lái dào le ， zhēn
考试的日子终于还是来到了，真

bù zhī dào tiě tóu fù xí de zěn me yàng le 。
不知道铁头**复习**得怎么样了。

suī rán wǒ bìng bù xī wàng tā kǎo de bǐ wǒ hǎo ，
虽然我并不希望他考得比我好，

但是我也不希望他考最后一名呀。

可自从上次的事以后，我和铁头谁都不理谁了。为了一次考试，我失去了一个好朋友。

没想到的事情发生了。今天铁头突然跑到我面前，递给我一块巧克力：“米小圈，给！巧克力可以让我们更聪明，给你一半。”

我接过巧克力，**感动**得差点儿哭出来。铁头真是太够意思了。

我说：“谢谢铁头，我这次一定没你考得好。”

铁头**笑嘻嘻**地说：“我老妈说，好

péng you bù yīng gāi hù xiāng pān bǐ，yīng gāi hù xiāng gǔ lì。
朋友不应该**互相攀比**，应该互相鼓励。
suǒ yǐ，shéi kǎo de hǎo dōu wú suǒ wèi a。”
所以，谁考得好都无所谓啊。”

“duì！méi cuò。xī xī……”wǒ hé tiě tóu
“对！没错。嘻嘻……”我和铁头
yòu huī fù le yǒu yì，yǔ qiǎo kè lì wú guān。
又恢复了友谊，与巧克力无关。

jiāng xiǎo yá yě gǎn lái le，wǒ men bǎ qiǎo kè lì
姜小牙也赶来了，我们把巧克力
fēn gěi tā yí fèn，wǒ men sā biān chī qiǎo kè lì biān kàn
分给他一份，我们仨边吃巧克力边看
shū，wèi kǎo shì zuò zhe zuì hòu de zhǔn bèi。
书，为考试做着最后的准备。

bù yí huìr，wèi lǎo shī ná zhe juàn zi zǒu le jìn
不一会儿，魏老师拿着卷子走了进

来。考试开始了。

我对铁头做了一个**胜利**的手势，答起题来。

这张卷子题不怎么难，好多都是复习过的，我提前半个小时就答完了。

我回头去看铁头，哇！他早就答完了。看来这次他一定比我考得好。

家长会事件

7月6日 星期二

jīn tiān shì yí gè bǐ kǎo shì gèng nán áo de rì zi

今天是一个比考试更**难熬**的日子。

yīn wèi jīn tiān shì gōng bù chéng jì de rì zi, tóng shí yě shì kāi jiā zhǎng huì de rì zi

因为今天是公布成绩的日子，同时也是开家长会的日子。

zhè cì de jiā zhǎng huì xué xiào yāo qiú wǒ men hé jiā zhǎng yì qǐ cān jiā, dāng zhe dà jiā de miàn gōng bù chéng jì。
这次的家长会学校要求我们和家长一起参加，当着大家的面**公布成绩**。

lǎo shī a, zhè bú shì xiǎng hài sǐ wǒ men ba?
老师啊，这不是想害死我们吧？

wǒ běn lái shì xiǎng lǎo bà péi wǒ lái kāi jiā zhǎng huì de, kě shì tā yào jiā bān。
我本来是想老爸陪我来开家长会的，可是他要加班。

lǎo mā shuō: "mǐ xiǎo quān, fàng xīn ba, nǐ zhè cì hěn nǔ lì, bù guǎn nǐ chéng jì rú hé, lǎo mā dōu bú huì shēng qì de。"
老妈说："米小圈，放心吧，你这次很努力，不管你成绩如何，老妈都不会生气的。"

zhēn de ma
“真的吗？”

dāng rán zhòng yào de shì nǔ lì ér bú shì chéng jì
“当然，重要的是努力，而不是成绩。”

lǎo mā wàn suì
老妈万岁！

wǒ hé lǎo mā zǒu jìn jiào shì bù yí huìr wèi lǎo shī jiā zhe hòu hòu de shì juàn zǒu le jìn lái
我和老妈走进教室，不一会儿魏老师夹着厚厚的试卷走了进来。

wèi lǎo shī shuō gào su dà jiā yí gè hǎo xiāo xi zhè cì qī mò kǎo shì zán men bān de píng jūn fēn shì nián jí zuì gāo de
魏老师说：“告诉大家一个好消息，这次期末考试，咱们班的平均分是年级最高的。”

wā zhēn bàng dà jiā gǔ qǐ zhǎng lái
“哇！真棒！”大家**鼓起掌来**。

wèi lǎo shī dǎ kāi juàn zi xià miàn wǒ lái gōng bù yí xià chéng jì pái míng chē chí dì yī míng lǐ lí dì èr míng dì shí míng shì mǐ xiǎo quān
魏老师打开卷子：“下面我来公布一下成绩排名。车驰第一名、李黎第二名……第十名是米小圈……”

wā hā hā wǒ bǐ tiě tóu hé jiāng xiǎo yá kǎo de
哇！哈哈，我比铁头和姜小牙考得
dōu hǎo ye wǒ gāo xìng de bù dé liǎo lǎo mā yě tōu
都好耶。我高兴得不得了，老妈也偷
tōu de xiào le
偷地笑了。

kě tiě tóu què tōu tōu kū le qǐ lái zěn me huì
可铁头却偷偷哭了起来：“怎么会
zhè yàng ne wū wū wū mǐ xiǎo quān zěn me huì bǐ wǒ
这样呢？呜呜呜……米小圈怎么会比我
kǎo de hǎo ne
考得好呢？”

ǎ tiě tóu nǐ qián jǐ tiān bù hái shuō shéi kǎo de
啊！铁头，你前几天不还说谁考得
hǎo dōu wú suǒ wèi ma
好都**无所谓**吗？

wèi lǎo shī jiē zhe niàn chéng jì xíng tiě tóng xué kǎo
魏老师接着念成绩：“邢铁同学考

le dì shí wǔ míng
了第十五名。”

tiě tóu yí xià zi yòu gāo xìng qǐ lái xī xī xī
铁头一下子又高兴起来：“嘻嘻嘻

xī wǒ kǎo de bǐ jiāng xiǎo yá hǎo
嘻，我考得比姜小牙好。”

tiě tóu zhè jiā huo zǒng shì xǐ huan pān bǐ
铁头这家伙，总是喜欢攀比。

xiǎng bu dào jiāng xiǎo yá zhè cì jū rán cái kǎo le dì
想不到姜小牙这次**居然**才考了第

èr shí wǔ míng wǒ zhēn wèi tā nán guò
二十五名，我真为他难过。

jiā zhǎng huì jié shù le，měi miào de jià qī jiù yào kāi shǐ la……

家长会结束了，美妙的假期就要开始啦……

笑到肚皮疼的魔法

北猫叔叔

有些小朋友在我的微博上问我，为什么米小圈写的日记总是很好玩，而我的生活似乎没那么好玩呢？

下面北猫叔叔就把米小圈的超级幽默感传授给你。你要认真点儿，这可是史上最难的魔法。

请问，如果你不小心摔进水

坑里，同学们都在笑你的时候，你会怎么办？

A 大哭着跑开；

B 把嘲笑你的同学也推进水坑里；

C 没关系，回去换件干衣服；

D 大笑着说：游泳的感觉可真不错。

选择A的同学，自尊心太强了，承受挫折的能力还不够好；选择B的同学，北猫叔叔要找你的父母谈谈了。选择C的同学，你是个乐观的孩子，你有很不错的心理承受能力；而选择D

de tóng xué wǒ yào gōng xǐ nǐ nǐ hé mǐ xiǎo quān
的同学，我要恭喜你，你和米小圈
yí yàng shì yí gè jù yǒu chāo qiáng yōu mò gǎn de
一样，是一个具有超强幽默感的
hái zi yōng yǒu kuān guǎng de xīn xiōng hé kuài lè de
孩子，拥有宽广的心胸和快乐的
xīn jìng
心境。

rú guǒ nǐ méi yǒu xuǎn zé yòu gāi rú hé huò
如果你没有选择D，又该如何获
dé yōu mò gǎn ne
得幽默感呢？

zhè ge dá àn qí shí yě hěn jiǎn dān xià cì
这个答案其实也很简单，下次
yù jiàn bù hǎo de shì bié kū bí zi la
遇见不好的事，别哭鼻子啦，
gāo gāo xìng xìng qù miàn duì tā bú jiù xíng le
高高兴兴去面对它不就行了。

qí shí ya yōu mò gǎn zhǐ shì yì
其实呀，幽默感只是一
zhǒng rén shēng tài du ér yǐ dāng nǐ yù dào
种人生态度而已，当你遇到

bù kāi xīn de shì de shí hou nǐ zǒng néng kāi kāi xīn xīn
不开心的事的时候，你总能开开心心

de qù miàn duì nǐ jiù huò dé le zhè ge shén qí de mó
地去面对，你就获得了这个神奇的魔

fǎ
法。

图书在版编目（CIP）数据

一箩筐的快乐 / 北猫著；手指金鹿，老布鲁绘. 一成都：四川少年儿童出版社，2018.1（2018.11 重印）
（米小圈上学记）
ISBN 978-7-5365-8774-8

Ⅰ. ①一… Ⅱ. ①北… ②手… ③老… Ⅲ. ①儿童故事—作品集—中国—当代 Ⅳ. ①I287.5

中国版本图书馆 CIP 数据核字（2018）第 008703 号

出 版 人　常　青

策　　划　明　琴　黄　政
责任编辑　明　琴
封面设计　米　央
插　　图　手指金鹿　老布鲁
责任校对　党　毓
责任印制　袁学团

YI LUOKUANG DE KUAILE

书　　名　一箩筐的快乐
作　　者　北猫
出　　版　四川少年儿童出版社
地　　址　成都市槐树街 2 号
网　　址　http://www.sccph.com.cn
网　　店　http://scsnetcbs.tmall.com
经　　销　新华书店
图文制作　喜唐平面设计工作室
印　　刷　成都市金雅迪彩色印刷有限公司
成品尺寸　210mm × 180mm
开　　本　24
印　　张　6
字　　数　120 千
版　　次　2018 年 3 月第 2 版
印　　次　2018 年 11 月第 37 次印刷
书　　号　ISBN 978-7-5365-8774-8
定　　价　25.00 元